司馬遷

嗨！有趣的故事

劉銀昌

Hi! Story

中 華 教 育

【出版說明】

在文字出現以前，知識的傳遞方式主要就是語言，靠口耳相傳的方式記錄歷史與情感表達。人類的生活經歷、生命情感也依靠著「說故事」來「記錄」。是即人們口中常說的「傳說時代」。然而文字的出現讓「故事」不僅能夠分享，還能記錄，還能更好、更廣泛地保留、積累和傳承。

《史記》「紀傳體」這個體裁的出現，讓「信史」有了依託，讓「故事」有了新的準則：文詞精鍊，詞彙豐富，語言精切淺白；豐富的思想內容，不虛美、不隱惡。選擇人物一生中最有典型意義的事件，來突出人物的性格特徵，以對事件的細節描寫烘托人物的情感表現，用符合人物身份的語言，表現人物的神情態度、愛好取捨。生動、雋永而又情味盎然。

「故事」中的人物和事件，從來就是人類的「熱門話題」。她是茶餘飯後的趣味談資，是小說家的鮮活素材，是政治學、人類學、社會學等取之無盡、用之不竭的研究依據和事實佐證。

中國歷史上下五千年，人物眾多，事件繁複，神話傳說與歷史事實並存，正史與野史交錯互映，頭緒繁多，內容龐雜，可謂浩如煙海、精彩紛呈，展現了中華文化的源遠流長與博大精深。讓「故事」的題材取之不盡，用之不竭。而其深厚的文化底蘊如何呈現，怎樣傳承，使之重光，無疑成為《嗨！有趣的故事》出版的緣起與意趣。

《嗨！有趣的故事》秉持典籍史料所承載的歷史精神，力圖反映歷史的精彩與真實。深入淺出的文字使「故事」更為生動，更為循循善誘、發人深思。

《嗨！有趣的故事》以蘊含了或高亢激昂或哀婉悲痛的歷史現場，以對古往今來無數先賢英烈的思想、事蹟和他們事業成就的鮮活呈現，於協助讀者不斷豐富歷史視域和深度思考的同時，不斷獲得人生啟迪和現實思考、並從中汲取力量，豐富精神世界，在實現自我人生價值和彰顯時代精神的大道上，毅勇精進，不斷提升。

【導讀】

司馬遷，字子長，夏陽龍門（今陝西韓城）人。

司馬遷出生在一個史官家庭。他的父親司馬談在漢武帝時曾任太史令，學識淵博，著《論六家要指》，縱論天下學術。

司馬遷勤奮好學，自幼跟祖父和父親讀書學習。他曾跟隨儒學大師董仲舒學習公羊派《春秋》，跟隨五經博士孔安國學習古文《尚書》。家庭教育和從師學習為司馬遷打下了堅實的文化基礎。

讀萬卷書，行萬里路。司馬遷二十歲時，開始了廣泛的遊歷研學。他從長安出發，遊歷範圍涉及今天的湖南、江西、浙江、江蘇、山東、河南等地。在遊歷過程中，司馬遷尋訪傳說中大禹的遺跡，憑弔屈原，察訪韓信母親的墓地，拜謁孔子聖蹟，遊覽春申君的宮殿、孟嘗君的故城以及信陵君所在的大梁，又到豐沛一帶參觀西漢開國君臣的故居……遊歷不僅讓司馬遷瞭解了各地的民風民俗，還加深了對歷史政治的理解。司馬遷搜集了許多資料和傳說，對日後撰寫《史記》起了很大作用。

司馬遷結束遊歷返回長安後，於漢武帝元狩元年（約前一二二年）入仕為郎中。在任郎中其間，他奉旨到過四川、雲南一帶，也曾作為侍從陪漢武帝巡狩封禪，足跡幾乎遍及全國各地。這些經歷開拓了司馬遷的胸襟和眼界，讓他有機會接觸到各個階層、各種人物的生活。

漢武帝元封元年（前一一〇年），司馬遷的父親司馬談因病不能作為侍從隨漢武帝封禪泰山，滯留在洛陽，抑鬱而終。父親去世前，囑咐司馬遷完成其未竟的著述之事。元封三年（前一〇八年），司馬遷接替父職繼任太史令。為實現父親遺願，他孜孜不倦地閱讀國家藏書。太初元年（前一〇四年），司馬遷開始撰寫《史記》。

天漢二年（前九九年），李陵抗擊匈奴，兵敗投降，漢武帝震怒。司馬遷仗義執言，觸怒了漢武帝，被下獄收審，之後遭受宮刑。這種奇恥大辱，令司馬遷近乎崩潰。儘管後來司馬遷遇大赦，升為中書令，但慘痛的教訓讓他對政治失去了興趣。

司馬遷受到父親的影響，對道家思想頗有認同。但他最服膺孔子，深信孔子「君子疾沒世而名不稱焉」的立名思想，希望能夠效法孔子，寫出一部「究天人之際，通古今之變，成一家之言」的傳世著作。父親的遺命和自覺、強烈的文化責任感，使他在逆境中堅韌不拔，最終完成了被魯迅譽為「史家之絕唱，無韻之《離騷》」的鴻篇鉅著《史記》。

作為二十四史之首的《史記》，是第一部由個人獨立完成的紀傳體通史。司馬遷改變了以往歷史記載以時間、國別為中心的寫法，第一次以人為本位來記載歷史，表現出對人在歷史中的地位與作用的高度重視，開創了紀傳體的先河，《史記》也成為中國傳記文學的開端。他開創的本紀、世家、列傳、書、表等五種體例，為後世史家所遵循。《史記》被西漢劉向、揚雄譽為「辨而不華，質而不俚，其文直，其事核，不虛美，不隱惡，故謂之實錄」，這種實錄精神激勵了一代又一代的歷史學家。

司馬遷在〈悲士不遇賦〉中說：「沒世無聞，古人惟恥。」儘管在他死後多年，《史記》才開始流傳，但至今不衰。司馬遷也因此被尊為「史聖」。他雖然活著的時候深感懷才不遇，卻最終完成了對「沒世不聞」的超越。

目錄

司馬遷生平簡表

耕讀

一

黃河東流，龍門北峙。

龍門山南寬闊的黃土塬上，溝壑縱橫，草木蓊鬱，阡陌交通，村舍儼然。黃河從塬東奔流不息，浪花朵朵，向南蜿蜒而去。

塬上幾位少年，六七歲模樣，生龍活虎地奔跑著，正玩著蹴鞠的遊戲。圓圓的皮鞠在幾個人腳下飛來滾去，塵土飛揚。腳步聲，呼喊聲，夾雜著附近林子裏的蟲唱鳥鳴，匯成一曲田園歡歌。

這是西漢建元二年（前一三九年）暮春的一天。即位兩年的漢武帝劉徹，在文景之治的基礎上，把國家治理得井井有條。

龍門山南土塬上幾個年少農家子弟，正享受著快樂時光。突然，一個高個少年指著一個稍矮男童，指責對方故意踢人。眼看高個少年就要動手，圍觀者起哄多於勸阻。

起哄聲傳出很遠。在起哄聲中，傳來另一個聲音：「且慢動手！」

大家循聲望去，只見一個少年左持竹書，右持牧鞭，氣喘吁吁地向這邊跑來。

「司馬遷！」幾個孩子中有人認出了來者。

司馬遷把牧鞭扔在地上，急忙拉住高個少年，從容地說：「君子戒之在鬥，勿怒！」氣頭上的高個少年放下拳頭，注視著眼前這個比他矮一頭的斯文少年，一臉鄙夷地說：「我為何要聽你的？」

司馬遷微笑道：「我們競技，你輸了，就聽我的。我如果輸了，算我多此一舉，你任意懲罰我。」

「比什麼？」高個少年問。

「蹴鞠。」

「司馬遷，你比不過他的，還是比別的吧。」人群中有人提醒道。

高個少年聽到「蹴鞠」二字，興奮起來，自信地說：「怎麼比？」

「塬那邊崖上有個小洞穴，我們看誰能把皮鞠踢進去。」司馬遷不顧其他人的建議，說出了具體規則。

高個少年也不示弱，說：「那就去比。」

少年們喊叫著來到塬邊。大家抬頭望去，隔著一道數仞寬的谷道，對面崖上果然有個甕大的洞穴。這應該是某種動物曾經躲藏的地方。

「誰先踢？」高個少年問。

「你先踢三次，踢進一次就算取勝。」司馬遷用竹簡指著對面的洞穴說。

眼看競技就要開始了，大家都很興奮。有人下到谷底等著撿皮鞠，有的則跑到對面看誰能把皮鞠踢進去。

高個少年看了看對面，選了一個點把皮鞠放在地上，右腳衝著皮鞠騰空踢出。說來奇怪，直線飛出的皮鞠，到了谷道中間時，卻晃晃悠悠向一旁偏離。結果皮鞠打中洞穴旁邊的土崖，落入谷底。

高個少年覺得奇怪。同伴把皮鞠撿上來給他，他又一次瞄準踢出。結果跟第一次一樣。他不信邪，自己往日不說是百發百中，也是十踢九中。沒想到今天隔了一道不寬的谷道，竟然就連連失誤。

司馬遷在一旁一直靜靜地看著。其他孩子也都不敢相信自己的眼睛。

高個少年瞄了又瞄，第三次踢出皮鞠。

大家都屏住呼吸，目不轉睛地盯著飛出的皮鞠。

司馬遷也略顯緊張，在一邊看著。

「啪！」皮鞠又一次從洞穴旁邊的土崖彈落下去。

高個少年頓時洩了氣，轉向司馬遷說：「看你的了。」

司馬遷接過皮鞠，選準了方向，然後飛身向前將皮鞠踢出。皮鞠直線飛出，在經過谷道中間時，微微一偏，向洞穴飛去。

「好，正中！」幾個孩子歡呼起來。一開始叫「司馬遷」的那個孩子跑過來，衝著他嘖嘖稱讚：「你太神了，沒想到你也踢得這麼好！」

司馬遷彎腰拿起竹簡，自謙道：「過譽了。」然後回頭告訴高個少年：「君子一諾千金，這下你該聽我的了吧。」

高個少年說：「我雖非君子，但既然技不如人，理當聽你吩咐。」

司馬遷拉著矮個男童的手，看著高個少年說：「四海之內，皆兄弟也，何況是經常在一起玩的人。希望大家以後情同手足，仁愛相待。」說著，把兩人的手疊在一起。

高個少年面露羞赧，說：「他把我的腿踢得好痛，我實在生氣，想施以顏色。」

其他孩子都大笑起來。高個少年最終跟矮個男童和好如初。

經過介紹，其他孩子也都知道來者叫司馬遷。那個最早認出司馬遷的孩子，正是他的鄰居。

原來，司馬遷就在塬上一個小土坡邊放羊，一邊看書，一邊任由羊兒到土坡上吃草。少年們在塬上玩蹴鞠的時候，司馬遷居高臨下，聽到他們的歡呼聲，偶爾還會觀賞一番。當聽到大家起哄時，司馬遷覺察到可能要出事，才跑來勸阻。

大家這才恍然大悟。

高個少年卻仍然懵懂。他不明白自己為何不能把皮鞠踢進洞穴，就問司馬遷。司馬遷一笑，說：「不是你踢得不好，是地形幫了我。我經常在此牧羊，知道這谷中有風。

別看塬上沒什麼風，可到這個時辰，谷風可是不小呢。」

跑到谷底撿皮鞠的孩子也立刻附和：「是的。」

「我就是利用谷風，才勝了你。」

高個少年和其他孩子無不佩服司馬遷的聰慧，覺得他知曉天文地理，又有仁愛之心，將來一定有非凡的成就。

二

司馬遷就生活在黃土塬上。

塬的北邊是龍門山，黃河向東南流淌。山南為陽，水北也為陽。因此，這裏又叫河山之陽。

說起北邊的龍門山，可是無比神奇。

傳說有一天，大禹治水來到陝西韓城與山西河津交界的梁山。大禹站在高處，看到黃河之水無法暢流，就命人清理積石淤泥，鑿寬梁山河道。鑿寬後的河道兩岸，山勢高聳，狀如門闕。自此，黃河通過梁山關口，奔湧向南，從丘山高原流向平原，水面寬闊，蔚為壯觀。而且，每當暮春時節，成群結隊的鯉魚就會逆流而上，飛躍梁山河谷。據說，能夠飛躍而過的鯉魚，便會化魚為龍。這梁山豁口，從此被叫作龍門。梁山也因此成為龍門山。

龍門山從西北蜿蜒向東，黃河從山間龍門奔騰而過，浪聲如龍吟虎嘯，可謂「龍門三激浪，平地一聲雷」。從龍門山向南五十餘里，有一夏陽城。從夏陽再向南二十餘里，有一片村落，坐落於高平寬敞的黃土塬上。小村以龍門山為後屏，以黃河為左衛，芝水河像玉帶般繞過塬下緩緩流入黃河。

這小村就是司馬遷的家鄉。

司馬遷的父親司馬談，以及祖父司馬喜，世居此地，耕讀傳家。司馬喜不是普通農民，而是一位擁有九等爵的五大夫。五大夫雖不是什麼有權力的實職，可在當地百姓眼裏，也算是光耀門楣的風光人物。

司馬遷曾經聽父親說過，在他剛滿三個月的時候，祖父和父親一起為他取了名字。

之所以叫遷，是希望他能與時偕行，因勢變化，見善則遷，立德建功。

司馬遷很喜歡自己的名字。他平時在幫父親耕種之外，還放牛放羊，讀書習字，憧憬著未來做一番事業。但有個問題一直縈繞在他心裏，他不明白，為何自己是司馬複姓，而別人則是單姓。

這天用過早餐，司馬遷便到祖父住處，問起此事。

司馬喜見孫子小小年齡竟然對家族身世感興趣，甚感欣慰。

司馬喜手捻髭髯，娓娓道來：「我們本是重黎氏之後。顓頊帝時，巫風盛行，人人自命為巫以通神，家家隨意祭祀以祈福，烏煙瘴氣，擾亂人心。於是顓頊帝命南正重專職天上事務，溝通諸神；命火正黎專職地上事務，協調諸民。」

「我們先人統管天上人間之事，與司馬有何相干？」司馬遷疑惑不解。

「自顓頊帝始，一直到堯、舜、禹時代，我們的先人世世代代掌管天地之事，彼此各得其所。可到了周宣王時，先人不再負責天地之事。正是此時，我們的先人程伯休父，任大司馬一職，從此我們就姓司馬了。」說到此處，司馬喜頗有失落之色。

「周宣王因何不讓先人負責天地之事？」司馬遷蹲在祖父身邊，雙手托腮，不解地問。

「唉！一言難盡。可能周宣王覺得此類事情不再重要，抑或我們先人做得不好，總之是失了官，不再負責此類事了。」司馬喜將目光投向遠方，陷入沉思之中。

「司馬這個官職負責什麼，和馬有關嗎？」司馬遷並不能領會祖父此時的複雜心情，倒是對司馬感興趣。

司馬喜告訴司馬遷，大司馬其實是管理軍隊的官員，軍隊有馬匹，當然與馬有關。

一聽到和馬有關係，司馬遷頓時興奮起來，說：「能騎馬甚好！」

司馬喜說：「儘管我們先人曾做大司馬掌管軍事，但之後又恢復了以前的職務，開始擔任周朝史官。」

「史官負責何事？想必不如大司馬。」司馬遷有點失望。

「史官負責修史，掌管國家文書，還要負責天文曆法之類天上的事。記錄歷史，可以觀盛衰，明治亂，為治國提供依據，意義重大。」

司馬遷聽祖父這麼說，馬上就又高興起來，說：「我長大也要做史官。」

司馬喜笑著說：「周室東遷以後，司馬氏失去史官之職，子孫分散各地。我們這一支，四百多年前自河東遷到夏陽，顯貴之人不多。秦惠文王時，先人司馬錯伐蜀有功，留在蜀地。秦昭襄王時，錯公之孫司馬靳，與白起將軍一起在長平大破趙軍，立下戰功，可結局卻是與白將軍一起自殺於咸陽西門外。靳公的孫子司馬昌，在前朝始皇帝時主管冶鐵。昌公之子，也就是我的父親無澤公，僅僅在國初作了長安四市中的一個市長。到我這代，憑藉家底殷實，給政府捐糧，才獲得一個口頭的九等爵五大夫。是該改一改了，你若能在大漢朝重新做太史，那可是先人蔭庇啊。」

祖孫倆正說著，鄰居家的孩子前來找司馬遷玩耍。司馬遷和祖父打了招呼，就和同伴跑了出去。司馬喜望著孫子的背影，臉上笑咪咪的。

三

司馬遷蹴鞠競技獲勝，令同伴對他刮目相看。大家不再認為他僅僅是個愛讀書的少年，他身上似乎還有著游俠的氣質。

司馬遷白天的大部份時間是在家跟隨父親或祖父讀書寫字。他跟父親讀〈倉頡篇〉，跟祖父讀《論語》，讀累寫累了，就踱步出門，徜徉於庭院外的大樹下。有時候，他會來到黃河邊，望著滔滔的黃河水向東南流淌。每當此時，司馬遷都會心潮澎湃，憧憬著自己有一天也像大河一樣騰躍龍門，流奔遠方。有時候，他會一個人站在塬上，北眺龍門，想像著三過家門而不入的大禹。

農忙時節，司馬遷也會來到田間地頭，幫父親播種、除草，收割麥子和高粱。碧綠的禾苗隨風起舞，繽紛的野花搖曳芬芳。齊腰的麥子金浪滾滾，火紅的高粱林立如牆。雖然稼穡多艱，經常汗流滿面，渾身塵土，但司馬遷從不叫苦，因為他知道，這是衣食之本。

最讓司馬遷感到開心的還是和祖父在河邊放牧牛羊。祖孫倆沿河而行，牛羊走到哪裏，他們就走到哪裏。祖父講農諺，講山川，講秦晉和親，講孔子周遊，講本朝楚漢相爭的故事。每一次，司馬遷都沉浸在故事中思接千載，浮想聯翩。司馬遷敬慕故事裏的英雄，對人世間的不公感到憤慨。

司馬遷就這樣在鄉間耕讀放牧。家鄉的河流山川，一草一木，乃至田間不起眼的小動物，都令他難忘。鄉黨的淳樸，讓司馬遷時刻感受到脈脈的溫情。而他腳下的這片土地，依山傍水，橫亙秦晉。他就像一粒種子，根植於斯，生長於斯，吸收著這裏的菁華之氣。

六月的天就像孩童的臉說變就變。早上還是豔陽高照，臨近晌午，陡然間烏雲密佈。司馬遷剛把羊群趕到一個青草豐茂的地方，看到不遠處一棵大樹，就走過去斜靠樹幹，席地而坐。司馬遷將《論語》展開，看著書上的句子，有些祖父已經講解，頗能引起他的共鳴。他也因此對偉大的孔子心生敬意。

四周寂靜悶熱，樹上的蟬鳴讓司馬遷感到有些煩躁。他抬頭看看羊群，擦了擦額頭的汗，又埋頭看書。目光所及，一行文字映入眼簾：「君子疾沒世而名不稱焉。」人總是要死的，但一定要留下美好的名聲。沒世留名，不枉一生！司馬遷低頭想著，突然發現天色黯淡下來，抬頭一看，原來是一片烏雲遮住了太陽。再向天邊一看，只見遠處烏雲翻騰，馬上就要漲滿整個天空。司馬遷知道要下雨了，急忙驅趕羊群往家走。

司馬遷剛把羊群趕進院子的大門，黃豆大的雨滴就借著風勢　哩啪啦地傾灑而下，在滿是塵土的地面上砸起一個個小坑。空氣中頓時彌漫著一股泥土的氣息。

「遷兒，你可回來了。」祖父早站在大門口，等他多時了。

「去哪裏牧羊？又是只顧看書，沒注意天氣變化。」司馬喜道。

「祖父大人，我在後面塬上，這不回來了嘛。」司馬遷一手放下牧鞭，一手把書遞給祖父。

司馬遷沒等祖父再說別的，就匆忙把司馬喜扶到屋裏，然後去向母親報平安。不一會兒，司馬談也從田間除草回來了。他邊走，邊說：「唉！鬼天氣，耘田不多，衣服還被雨打濕了。」

司馬談急忙拿起一頂斗笠戴在頭上，跑向院子門口。大門一打開，司馬談看到幾個官吏打扮的人。其中一人問司馬談：「此處可是司馬宅院？」司馬談說聲「是」，那人便拱手向他賀喜：「恭喜府上高遷。」司馬談疑惑不解，詳細一問，才知道自己被鄉裏舉薦為賢良，郡太守上報朝廷，要他作太史丞的人選。

司馬談趕忙把官吏迎入家中，招呼大家坐下，拿出一些瓜果招待他們。後院的司馬喜聽到說話聲，也來到前廳。司馬遷感覺家中熱鬧，顧不上下雨，也趕來一看究竟。

小吏們簡單吃了瓜果，便告辭而去。司馬喜自言自語：「久旱逢甘霖，這可真是及時雨！我們司馬家族，也要右遷入貴了。」一家人看著雨中鬱鬱蔥蔥的樹木，臉上綻放出燦爛的笑容。

司馬遷來到祖父身邊，好奇地問：「父親大人是要當官了嗎？」

司馬喜摸著司馬遷的頭說：「是啊，如果天子策問合格，就可享受朝廷的俸祿。托我們先人的福，爾父又要重操祖業了。」說完，司馬喜哈哈大笑。

臨行前，司馬談白天不顧炎熱，帶著司馬遷緊趕田中的農活兒。司馬遷看著父親被曬得紅黑的臉龐，有些心疼父親。他知道父親這麼做是擔心自己走後家裏勞力缺乏，於是也拚命地勞作。到了晚上，司馬談還不顧疲勞，輔導司馬遷讀書識字，督促司馬遷完成規定的任務。

司馬談在家中又盤桓了幾日，離別的日子愈來愈近了。

司馬遷捨不得父親走，就在心裏祈禱蒼天再下一次大雨，好阻止父親不得出門。但是，預先擇定的出行吉日還是到來了。

乙亥，行吉日。這一天，司馬談早早起了床，收拾好行裝，與家人辭別。

司馬遷與母親、祖父把父親送至門外。司馬談騎到馬上，依依不捨。

司馬遷從來沒有長時間離開過父親，此時拉著父親的衣角，懂事地說：「父親大人此去長安，一路勞苦，請保重身體。」

司馬談看著兒子，說道：「大丈夫志在四方，揚名耀祖。你要好好讀書，切莫虛度光陰。」

司馬遷連連點頭。

司馬喜以及司馬遷的母親不停地向司馬談叮囑著。司馬談告訴他們，一旦自己得授官職，就回來接他們。司馬談說完，策馬揚鞭，奔長安方向而去。

四

父親走後，司馬遷悶悶不樂，生活中似乎缺少了很多東西。儘管他仍然像往常一樣讀書、寫字，幫家人放牧、耕耘，但對父親的思念就像塬上的小草，從泥土裏油然冒出，瘋狂滋長。

司馬遷每天扳著指頭數日子，一天，兩天，三天……眼看父親走了將近一個月了，卻音信全無。母親和祖父看到他失魂落魄的樣子，都笑著安慰他。

日子到了丁未。司馬遷正在院子裏幫母親餵雞，忽然聽到遠處傳來噠噠的馬蹄聲。司馬遷抬頭一看，村道上塵土飛揚，由遠而近，但見一人騎馬而來。定睛看時，司馬遷不禁高興得大喊起來：「父親回來了！」說著，立刻跑出門外。

司馬談此時也趕到了家門口，翻身下馬，一把抱起司馬遷。

父子二人回到院內，一家老小都走出屋門相迎。有人把馬拴到一邊，端來一銅盆水讓司馬談洗臉。

「父親，長安之行可順利？」司馬遷問道。

「試對三策，均是天文、曆算、祭禮之類，所幸為父平日不曾荒廢家學，僥倖過關，可能要參與營建茂陵之事。」司馬談撣著身上的塵土告訴司馬遷。

司馬遷敬佩地看著父親，又問父親緣何月餘方歸。

司馬談微笑道：「父欲早歸，無奈去時八日，到後又休緩兩日才受試。試畢又拜謁官署同僚，各種造冊，不勝繁瑣。回來路上又需八日有餘，還要趕在吉日入室。」

「父親大人沒來得及欣賞長安勝景？」司馬遷問。

「來日方長，以後帶你看。」

司馬談接著向父親司馬喜講述了一些在京城的情況，表示此次回來是要接家人到長安一起生活。司馬喜自然喜不自勝，招呼人趕緊為司馬談做飯。

飯畢，一家人商議著去長安生活的事。

司馬喜說：「我年事已高，不便遠行，但願在此守著先人田業。你們無論去到哪裏，也算有個牽掛。」

司馬談不好勉強父親，只得從命。鄰里鄉黨幫忙收拾了一些生活必需之品，司馬談便帶著妻兒啟程出發。司馬談騎馬，司馬遷和母親等人坐車。當真要離開自己生活的地方時，司馬遷坐在馬車裏，一手扶著車廂，一手揮動著向祖父告別。

老家的宅院愈來愈遠，故鄉的山川草木也逐漸模糊。司馬遷的眼睛裏充滿淚水。母親把他摟在懷裏，告訴他還會回來看祖父的。司馬遷捨不得祖父，捨不得一起放牧，一起玩蹴鞠的夥伴，捨不得自己放牧的牛羊，捨不得自己熟悉的一草一木……

求學

一

初到長安，司馬遷對一切都充滿了好奇。他看到寬闊的大道上車水馬龍，高大的宅宇鱗次櫛比，各種以前從未見過的東西在長安都能見到。新環境帶來的興奮感，逐漸淡化了對他對故鄉的思念。他開始融入長安，開始新的生活。

司馬談儘管有著家學淵源，受試優異，但為了更好地勝任太史丞一職，他也要向一些學有專長的長輩學者請教。

由於太史丞要協助太史令觀測星象和制定曆法，司馬談就向著名的術士唐都學習天官之學。唐都精通星象曆法，曾受皇帝指派，與太常署諸人測定二十八宿的距離和角度。

太史丞還要占卜國家大事，所以，司馬談還向當時著名的易學家楊何學習《易經》。楊何可不是一般的人物，他的易學來自孔子嫡傳。

自孝文皇帝開始崇尚黃老，及孝景帝與竇太后時代，黃老盛行。司馬談本就性喜道家，加之時風浸染，故又向著名的黃老學者黃生學習道家學說。黃生精通道家之學，曾在皇帝面前駁斥儒生轅固生。

司馬談日與名儒宿學相交，加之虛心求教，見識和學養與當初在夏陽時已不可同日而語。

轉眼之間，司馬遷隨父母來到長安已一年有餘。

司馬遷看到父親每天早出晚歸，在休息日還要去老師那裏學習知識，比在老家時還要辛苦，就奇怪地問：「父親大人，莫非侍君不若務農？」

「何出此言？」司馬談一愣，反問道。

「父親大人在夏陽老家，尚且有暇清閒。如今為官反倒更加繁忙，這是為何？」司馬遷說出了自己的困惑。

「為道日損，為學日益。太史令雖然職位卑微，但事關重大。測天曆象，祀神修文都需要專業知識技能。等我苦學之後，再由博返約，執簡馭繁，庶幾近道。」司馬談說。

司馬遷對父親的話能懂幾分，只是這「執簡馭繁，庶幾近道」幾個字，頗有玄機。

眼看要到秋分時節，天氣變得涼爽起來。司馬談正巧趕上休息日。夕食之後，一家人圍坐在桂花飄香的院子裏。

金風送爽，素月高懸。司馬遷吃著棗子，吟誦著《詩經》中「八月剝棗，十月穫稻。為此春酒，以介眉壽」的詩句。他和父母聊著最近開心的事情。聊著聊著，司馬遷就又聊到了父親所學。

「父親大人，您這一年來，都學些什麼？」司馬遷問。

「學的可都是關乎天道的大學問。」司馬談得意地看著兒子。

「夫君別賣關子，快告訴遷兒。」司馬遷的母親道。

司馬遷也停止吃瓜果，熱切地期待著父親能給他講些什麼。

司馬談慢慢悠悠地說：「我跟楊何學《易經》，才體會到天下的學問多是殊途同歸，都是為了致太平。」說完，司馬談凝視著天上的明月，神態超然。

「天下都有什麼學問？」司馬遷問。

「天下學問繁多，最著名的有六家，也就是六個學派。」

「是哪六家啊？」司馬遷更加有興趣了。

「六家乃陰陽家、儒家、墨家、名家、法家和道家。」司馬談如數家珍。

「父親大人詳細說一下嘛。」司馬遷對這些知識還似懂非懂。

「陰陽家擅長研究天地、自然，他們認為，自然規律不可違背。但是陰陽家看重災祥徵兆，忌諱太多，束縛人們的身志，使人縮手縮腳。」

「我明白了，他們所謂的規律，不一定是必然的。」司馬遷接過父親的話說。

「嗯，孺子可教也。」司馬談誇獎道。

司馬遷從祖父那裏沒少聽儒家學派孔子的故事，對孔子早就有了崇拜之情。「儒家不是孔夫子創立的嗎？難道也有不足？」司馬遷繼續問。

「儒家所宣揚的禮制不可改變，但是內容廣博卻很少抓住要害，費事多，卻收效微，所以儒家的主張也不能完全遵從。」司馬談說。

「墨家呢？」司馬遷又問。

「墨家主張強農務本，提倡節儉，有可取之處。然過於節儉卻難以長久，所以這一家的思想也不能完全照搬。」

「那法家呢？」

「法家主張端正上下名分關係，此為綱常，要堅持。但法家提倡嚴刑峻法，過於刻薄少恩，不可取。」司馬談滔滔不絕，神采飛揚。

司馬遷無比崇拜地看著父親，心想：「我以後也要成為父親這樣的博學之人。」

「還有名家呢？」司馬遷迫不及待。

「名家提倡循名責實，要求名實相副，此可取也。但是過於糾纏細枝末節，專門通過名稱來判斷事物，反而不得其真。」說完，司馬談喝了一口水。

「六家已經說了五家了，父親大人真厲害！」司馬遷拍著手說。

「最後一家就是道家了。道家兼採眾長，以虛靜為本，因勢利導，簡便易行，無為而無不為。」

司馬談說到這裏，已經完全陶醉在道家的思想境界中。

司馬遷看著父親，說：「父親大人一定是最贊同道家了。」

「道法自然，捨我其誰。」司馬談一邊笑著說，一邊把一顆棗子放在嘴裏。

司馬遷的母親看著父子二人開心的樣子，也在一邊抿著嘴笑。不覺已是月上中天，她催促父子二人早早休息。

一年多後，司馬談憑藉不凡的學識才幹和踏實的工作，贏得了朝廷的認可，於建元五年（前一三六年）升任太史令，俸祿六百石。

二

在長安的日子平靜而充實，沒有牛羊的叫聲，也沒有繁重的耕作任務，司馬遷主要就是在家陪陪母親，看看書。

在父親的教導下，司馬遷開始背誦《孟子》。他一個人坐在几案前，展卷誦曰：「孟子見梁惠王。王曰：『叟不遠千里而來，亦將有以利吾國乎？』……王亦曰仁義而已矣，何必曰利。」司馬遷一口氣背誦完大段文字，頓覺豪氣填膺，彷彿話語非出己口，而是孟子站在一邊，浩然暢論。

司馬遷轉念沉思文字意蘊，禁不住掩卷歎息。梁惠王作為一國之君，尚且問孟子何以利吾國，一般庶人，求利之心更是難免。難怪自己以前在老家讀《論語》，很少看到孔子言利。孔夫子也只是淡然地說「君子喻於義，小人喻於利」，原來是想從根源上預防禍亂，因為夫子知道，「放於利而行，多怨」。可是，又豈止小人好利，從國君到百姓，好利之心有何差別？

正思考間，司馬談從官署回到家中，神色有些黯淡。司馬遷的母親問他有何不順心的事。司馬談也只是嘆息，一言不發。

這下可急壞了司馬遷的母親，她央求司馬談說：「你們父子這是怎麼了？遷兒在家裏歎息，夫君回來也是嘆息。莫非夫君在朝中受人排擠？知足常樂，我們從夏陽來到長安，已經很不錯了。」

「我何嘗不知知足不辱、知止不殆的道理呢？只是朝中發生了大事。」司馬談正色道。

司馬遷聽到父母的談話，也不再背誦《孟子》，想知道到底發生了什麼事。

「到底何事啊，夫君快說。」司馬遷的母親也著急起來。

「竇太后駕崩！」司馬談說完，又不住地歎息。

「啊？」司馬遷和母親幾乎是異口同聲地驚叫起來。

「天要變了。」司馬談漸趨平靜，淡淡地說。

「父親大人為何這麼說？」司馬遷不解地問。

「漢初崇尚黃老，今上頗喜儒術。竇太后駕崩，恐怕要黃老告退，儒術獨尊了。」

司馬談很不情願地說出了這番話。

「那又如何？父親大人不還是繼續做太史令。」司馬遷不以為然，甚至覺得父親太多慮了。

「算了，不言此事，很多事情都是我等無法左右的。天道循環，順其自然。對了，過幾天送你到一位大儒那裏去讀書。你也該見識一下世面了。」

司馬談看著兒子，似乎從剛才的思緒中走了出來。

「父親大人，快告訴我這位大儒的名諱。」司馬遷迫不及待地說。

「這位先生可是博學多識，尤其精通《春秋公羊傳》，乃著名經師董仲舒。」司馬談緩緩地說。

「謝過父親大人！我一定會好好讀書。」司馬遷巴不得立刻到老師那裏去請益。

「甚好，待挑選吉日前去拜謁。」司馬談說完就休息了。

過了幾天，司馬談認為適合拜師的日子到來了，於是穿戴一新，要帶兒子去董府拜師。司馬遷自然無比渴望著這一刻的到來，他緊跟在父親身後。父子二人走了片刻，便到了董府門前。二人被迎進去之後，左折右轉，方來到主人會客的堂上。司馬遷一邊跟著父親走，一邊好奇地看著府中錯落有致的亭臺軒榭，感受著主人的清雅。

這時，堂前門口早已站著一位年過不惑的儒者，正笑吟吟地望著司馬談父子二人。司馬談看到，急忙上前施禮，並招呼司馬遷拜見儒者。儒者急忙還禮，攙起司馬遷，笑著說：「你就是司馬遷吧，令尊最近沒少在我面前提起你。」司馬遷垂手恭立，應答著。司馬談拉過兒子，說：「這就是鼎鼎大名的鴻儒董先生。」司馬遷再次向儒者行禮。

正衣冠，叩拜，最後獻上給先生的束脩。司馬遷行過拜師禮，司馬談與董先生約定好上課的時間，父子二人在董仲舒家稍坐片刻就告辭了。

司馬談反覆叮嚀：「經師易得，人師難求，務必珍惜。」司馬遷不住地點頭。

三

聽師講經的讀書生活開始了。

司馬遷之前雖也聽過老師講授，但多為記誦識字之學，於經學微言大義，只是自己揣摩思索。當他在董先生門下苦讀時，卻發現讀經是一件神聖的事情。

原來這位董仲舒先生，不僅嚴於律己，對諸生也督學甚嚴。司馬遷從父親口中得知，董先生以前讀書刻苦，從不分心，儘管緊靠書齋有個花園，但三年不窺園。

司馬遷有一次小心翼翼地向老師求證此事，問他何以能夠如此。董仲舒回答兩個字：「強勉。」

司馬遷還是不解。

董仲舒解釋道：「自強不息，勉力而行。」

司馬遷為自己偶爾的放逸深感羞愧。

董仲舒教司馬遷讀《春秋》，要先把經文爛熟於胸，出口成誦，爾後才開講經文的微言大義。背誦對於司馬遷來說，不是一件難事，因為在夏陽老家時，祖父就曾訓練過他的記誦功夫。所以，時日不多，司馬遷就已能將《春秋》背誦下來了。

董仲舒每當聽到琅琅的讀書聲，就會倒背著雙手，踱著方步。

要開講《春秋》大義了，董仲舒衣冠整潔，儼然端坐，瞇起眼睛，娓娓道來：「《春秋》一書，乃聖人孔子所作，載史二百四十二年，國君十二位。」

司馬遷和幾個同齡學伴認真聽著。

「夫子為何要作《春秋》呢？」董仲舒繼續說。

「為何啊？」大家很是不解。

「東周之時，王室衰微，禮崩樂壞。當時夫子在魯國作司寇，輔佐魯定公。」

「司寇是何官職？」有人問道。

「負責司法刑獄，事關百姓生活。」董先生慢條斯理地回答。

「請問先生，司法刑獄和作《春秋》又有何關係？」司馬遷起立問老師。

「此問甚好！且聽我言。」董仲舒說道。

「夫子任司寇時，社會清平，黎民和樂。夫子亦有信心將魯國治理好。然魯國若強，他國不安，故有嫉恨夫子者。且夫子同僚，亦多嫉妒夫子才學，於是設計陷害。」講到這裏，董仲舒的表情變得沉鬱起來。

「孔子也遭人排擠啊！」大家都不敢相信。

「夫子自知言無處達，志不得行，於是欲作書以明志，寄託天下為治之道。」講到這裏，董仲舒站了起來。

「欲作之書即是《春秋》吧？」司馬遷抬起頭問老師。

董仲舒看著司馬遷和其他諸生，鄭重地說：「此書正是《春秋》。孔子用春秋筆法，簡括各國大事，暗寓褒貶，既有正大之君臣，亦有奸邪之主僕，希望以此為萬世立法，可謂用心良苦！」

董仲舒又進一步申明：「夫子敢責無道天子，敢斥無禮諸侯，聲討大夫之犯上作亂。以諸人言行證明是非準則，彰顯治國之道。」

別的孩子都似懂非懂，有些茫然。唯有司馬遷在專注地聽講，不時還若有所思地點點頭。

董仲舒授完課，諸生如出籠之鳥，飛出學塾，在董府花園裏玩耍起來。

司馬遷從董府回到家中，並未做其他事情，而是坐在書桌前沉思今天董先生所講的話。他覺得孔子實在了不起，身處逆境而不忘作《春秋》，那得要多麼強大的意志啊。

他想起老家的祖父，想起祖父曾經給自己講過的孔子的故事，言猶在耳。

「遷兒，今天在董先生那裏學了什麼？」父親問。

司馬遷聽到父親的問話，馬上站起來回答道：「父親大人，先生今天講《春秋》。」

「哦，那就對了。董先生的《春秋》學，在當代可謂魁首。」司馬談說，「一定要好好聽講，學到精髓，將來為世所用。」

司馬遷點點頭。

「孔子曾說：『我欲載之空言，不如見之於行事之深切著明也。』夫子認為，與其空論教條，不如用事實來說明道理，這樣更易讓人領會。這是孔子作《春秋》的一個原則，一切交給事實。某人好壞，空說無憑，須證之以事實。史官著史，要信而有徵。」司馬談不失時機地教育著兒子。

第二天，司馬遷按時去董先生家學習。

大家到齊之後，董仲舒接著講《春秋》大義：「《春秋》大旨，在於一個義字。明乎此，則能明辨是非，行道治世，所以它是聖王之道。」

董仲舒坐著開講，一手撫著竹簡，一手捻著鬍鬚。

「請問先生，何謂聖王之道？」司馬遷問。

「聖王之道，乃夏商周三代開國君王之道，為後世帝王治國之準繩。《春秋》一書，上能明聖王之道，下能辨倫理綱常，能解除疑慮，堅定意志。它教人讚良善，斥醜惡，頌揚好人，譴責壞人。它還能興亡國，繼絕世，補敝起廢。這些都是聖王之道的大問題。」講起聖王之道，董仲舒滔滔不絕。

諸生有點頭者，有微笑者，有若有所思者，有恍然大悟者。司馬遷一邊聆聽，一邊筆錄。

「《春秋》數萬字內容，載百世興衰，蘊含道理以千萬計。其所載大事，臣弒君三十六次，滅國五十二個，其他諸如諸侯出逃無法保全國家者，不勝枚舉。身為諸侯，何以如此狼狽？一言以蔽之，皆因其失去為君之本的禮義。故此，《春秋》所以告人者無他，正義而已。」董仲舒又是一番高論。

司馬遷注意到，董先生講這些話的時候，頗有些激動，似乎身上肩負了一種神聖的使命。

「諸生試言，為君者可不讀《春秋》乎？」董仲舒問。

「不可！」大家異口同聲。

「是。國君若不習《春秋》，必受欺於身邊奸佞之臣。那麼，為臣者可不讀《春秋》乎？」董仲舒補充道。

「不可！」諸生回答。

「甚好！為臣者不習《春秋》，則遇事無法持經達變。」董仲舒接著補充。

「為何會如此呢？」司馬遷問。

董仲舒看著司馬遷，耐心地進行解答：「《春秋》乃禮義之大宗。為君為父者不懂《春秋》，則易蒙受倡惡之罵名；為臣為子者不懂《春秋》，則易有犯上作亂之罪名。他們初衷雖好，但不懂禮義，反成壞事。」

司馬遷的心裏，彷彿打開了一扇窗，頓時亮堂多了。孔子——《春秋》——禮義，這些詞語在司馬遷腦海中反覆出現。他覺得董先生把他領進一個未知的世界。

可是，司馬遷還是有很多疑問。在他的印象中，《春秋》記錄了數不清的異常現象，孔子不厭其煩地記錄這些內容，到底想告訴後人什麼？這些自然現象和那些興衰成敗之事有何關係？

「先生，《春秋》記錄異象頗多，究竟何意？」

司馬遷忍不住問道。

「茲事體大，乃屬天人之際。當今聖上曾策問老朽，今將答天子之語，為爾解答。」董仲舒看起來對此問題早已深思熟慮。

「《春秋》記載往事成敗，歷歷在目。觀乎此，則可知天人之間相互感應。國家無道，則天降災害以警告；若不知反省悔改，則天生怪異之象使人畏懼；若仍執迷不悟而妄行，則天使之敗滅。」

「如此說來，古今成敗，都是上天的作用嗎？」司馬遷不太相信老師的話。

董仲舒說：「若非人君惡貫滿盈，極端逆天，天不會亡其國。天降災害怪異之事，也是為了督促人君更好地治國。如果國君修德正心，則朝廷百官正。百官正，則百姓自正；百姓正，則天下四方皆正，於是風調雨順，五穀豐登，天下和泰。」

司馬遷又問：「按照先生的說法，國之興亡在於國君是否修德正心、遵循天道。有德則天保之，無德則天滅之。果真如此嗎？」

董仲舒肯定地說：「天人之際，正是如此。」

司馬遷沒再繼續向老師提出自己的疑問，但對老師的說法，他還是將信將疑。他曾聽父親講過《道德經》中的一句話：「天地不仁，以萬物為芻狗。」天地自有運行的法則，焉能因人而異，人在天地之間，也許真的就像芻狗。但他對老師提出的修德正心，很是佩服。

跟董先生讀書學習的日子安靜、美好。司馬遷聽講，用心思考，反覆揣摩，那些早已爛熟於心的簡潔古雅的《春秋》經文，在他心裏變得愈發具體鮮活起來……

後來，司馬談還把司馬遷送到孔安國那裏學習古文《尚書》。這位孔先生只比司馬遷大了十幾歲，是孔子的第十世孫。司馬遷認真地學完了古文《尚書》，對裏面記載的三代之事、聖王之言，都能夠出口成誦。

司馬談為了兒子司馬遷的成長，可謂煞費苦心。在兒子每天誦讀經典之餘，他還幫助司馬遷溫習以前學過的〈倉頡篇〉等。他告訴司馬遷，〈倉頡篇〉中的每一個字都必須會讀、會寫、會用。除了識字，司馬談還督促司馬遷練習古文、奇字、篆書、隸書、繆篆、蟲書等當時被稱為六體的書法。司馬談這是在按照政府選拔官吏的標準培養兒子。他在兒子身上寄託了殷切的期望。

司馬遷跟隨董仲舒學習了三年《春秋》，才算完成了對這部經書的研讀。在學習的第二個年頭，董仲舒建議漢武帝「罷黜百家，獨尊儒術」。

司馬遷沒有向老師請教「獨尊儒術」的目的和意義，但他隱約覺得，董先生的儒術和他之前讀的《論語》、《孟子》有些不同。他覺得這個問題太複雜了，想得腦袋發脹也毫無結果，於是索性將它棄置不理。

讀書久了也會厭煩。每當這個時候，司馬遷就會被父親派人送回夏陽老家陪祖父。一回到塬上，司馬遷就恢復了往日的活力，幫祖父耕牧，聽祖父談天說地。等到田間農事已畢，父親又會準時派人把他接回長安。

司馬遷每次從夏陽回到長安，就會感受到長安城中氣息的不同：土功多了起來，祭典繁瑣起來，皇城街道上的車馬，連同乘車的人們，也都比以往更加富麗光鮮。司馬遷想，可能真的如父親所說，天要變了。

遊歷

一

靜美的時光總是過得很快，轉眼之間，距離司馬遷首次隨父親到長安，已經十年有餘。十餘年來，司馬遷行走在長安和夏陽之間，時耕時讀。他像海綿一樣在海洋裏貪婪地吸收知識。那些經書、子書中的知識沉積在他的血液裏，使他躊躇滿志，並讓他對未來、對遠方充滿了期待。

「遷兒，你可知今日是何日？」母親問道。

「母親大人，今日非年非節，到底是何日啊？」正在練習書法的司馬遷停下筆，抬頭問母親。

「整日讀書習字，竟把生日忘了！」母親裝出嗔怒的樣子。

司馬遷急忙放下毛筆，站起身來，向母親施禮致歉：「兒不孝，竟忘記母親大人生日。」

「不是為娘生日，是你生日。」母親看著兒子發矇的樣子，不禁笑了起來。

司馬遷這才明白過來，趕忙向母親道謝：「感謝母親大人惦記兒的生日。」

「兒的生日，娘的難日。你能忘，為娘可忘不了。」母親說完，就忙著去張羅了。

父親從官署回來，一家人照例圍坐在一起用餐，為司馬遷慶祝二十歲生日。飯菜很豐盛，司馬談高興，還特意弄了一壺酒，讓司馬遷與他對飲。司馬遷不停地推辭：「父親大人，孩兒不會飲酒，您喝，我來斟酒。」

「遷兒，從今日始，你已是成年人了，可以適當小飲，快舉杯！」司馬談今天似乎很想攛掇兒子喝酒。

司馬遷拗不過父親，先給父親斟滿酒杯，雙手端起遞給父親，然後給自己斟了半杯。

父子二人一起舉杯，一飲而盡。司馬遷飲完，咧嘴說道：「難以下嚥，不明白古人何以對此物那般貪戀。」父親笑他不識人間美味。

餐後，父親鄭重地告訴司馬遷：「男子二十，禮當冠字。」

司馬遷說：「求父親為兒酌取一字。」

司馬談說他要考慮一下，等到舉行冠禮時就有答案。

到了擇好的冠禮吉日，司馬談張羅著為司馬遷舉行了隆重的冠禮。在冠禮上，司馬遷才被告知，他的字叫子長。

事後司馬遷問父親，子長是什麼意思。司馬談笑著說：「《論語》中有位賢人公冶長，他的字就叫子長。我仰慕此人，希望你能見賢思齊。」司馬遷領會父親的意思，感謝父親對自己的關愛。

冠禮之後不久，司馬談告訴司馬遷說，好男兒當讀萬卷書，行萬里路，該出去看一看了。

司馬遷早盼望這一天了。得到父親應允，司馬遷駕一輛馬車，裝上必需之物，帶足盤纏，辭別父母，要去看一看外面的山河大地。

二

司馬遷出了長安城，先是一路向東，直奔淮水流域。

司馬遷知道，漢開國君臣，乃從此地走出，反秦的第一面大旗，也是從這裏扛起。他要瞭解那裏的風土人情，尋訪鄉紳故老，去發現秦漢英雄一些不為人知的逸聞趣事，甚至是那些英雄不願意為人所知的祕聞。實地探訪，辨析名實，絕不人云亦云，道聽塗說。他猜想，這是作為史官的父親讓他外出遊歷的真正目的。

馬車行駛在鄉間小路上，車輪隨著路面的起伏顛簸著。雖然走得不快，但司馬遷正好可以看一看不同於關中的景物。

不知不覺，馬車就進入了大澤鄉。

看到田間有幾位正在除草耕作的鄉民，司馬遷一下子想起了自己在老家耕作的場景。哪裏的農民都一樣啊，都是這麼辛勤地勞作，只是這裏的土地比老家夏陽要平坦很多。司馬遷停下了馬車。

田間勞作的農人，看到一輛馬車停在路邊，都好奇地停下了手中的農活，抬頭望著走下車的年輕人。司馬遷急忙向他們打招呼，說明自己的來意。

農人中一位鬍鬚花白的老者率先開了腔：「後生，你算來對了。我們這裏有許多故事。」

司馬遷走到老人身邊，拱手施禮，請求老者給自己講一下。

「好吧！正好我們也該歇息了。走，我們到樹下坐坐。」老者一邊和司馬遷說話，一邊轉身，朝其他農人揮手。其他農人便跟隨著老者和司馬遷來到了田埂邊的幾棵大樹下，坐了下來。

「老丈，能否講一下陳勝、吳廣之事？」司馬遷說。

「當然可以。他倆就是在我們這裏反秦的。」老者一邊說，一邊搓著手上的泥土。

「陳勝、吳廣都是和我們一樣的莊稼人，他們也是天天在家幹農活。」一位稍微年輕一點的農人告訴司馬遷。

司馬遷取出竹片和毛筆，做著記錄。

「秦二世時，天下無道，經常抓壯丁做土功、守邊塞。陳勝、吳廣也被抓走了，官府強迫他們去北方的密雲縣戍邊。」花白鬍鬚的老者接著年輕人的話繼續說。

「官府讓他們守邊塞，可有俸餉？」司馬遷問。

「咳！哪有什麼俸餉啊，吃不飽，穿不暖，還要受長官責罵，哪裏比得上在家種莊稼啊。在家雖然辛苦，但畢竟不挨打受罵，心裏舒坦些。」老者說著陳勝、吳廣的事情，就像說自己的事情一樣，很是感慨。

「為國戍邊，竟然還要挨打受罵，有悖仁道。」司馬遷記錄著，心裏已有不平之意。

「他們一行來到我們這裏，正好天下大雨。那雨下得大啊，幾天幾夜沒停。你看我們這裏，地勢低窪，雨水又多，要不怎麼叫大澤鄉呢。」老人一邊說，一邊用手指著四周讓司馬遷看。

「陳勝、吳廣本來要向北方前進，但連遇暴雨，道路難行，無法按時到達目的地。按照秦律，誤期當斬。」說到這裏，老者停了下來，臉上流露出悲戚之色。

「阿丈的祖上，就有因誤期被斬的。」旁邊一位農人說道。

司馬遷急忙安慰老者，向老人道歉，說自己不該打聽這些，以致勾起了老人的傷心事。

老者擺了擺手，繼續說：「也是註定要出事，這陳勝、吳廣本來都魁梧健壯，可因冒雨趕路，得了風寒，就病倒了。病後的陳勝、吳廣，煩躁不安，一想到誤期要被斬首，就愈加狂躁。」

「然後他們就反了？」司馬遷問。

「謀事不易啊，若事不成，不僅掉腦袋，還要滅九族啊。所以，他們要籌劃一番。」老者說。

「如何籌劃？」司馬遷很好奇。

「魚腹丹書和篝火狐鳴啊。他們事先從魚嘴塞入布條到魚腹中，上面用朱砂寫上『陳勝王』。然後假裝從集市上把魚買回來，剖開魚腹就發現了這條有字的布條，大家都十分震驚。這就是魚腹丹書。」

老人慢悠悠地講著，一陣風吹過，樹上掉下一片葉子，落在老人的腿上。其他農人也都和司馬遷一樣，靜靜地聽著。

「篝火狐鳴又是怎麼回事呢？」司馬遷停下手中的筆，抬頭問老者。

「人定之時，陳勝暗中讓吳廣到附近一個破廟裏點起火把，並用籠子罩了起來。從遠處看，火光斑駁，就像鬼火一樣閃爍不定。然後陳勝模仿狐狸的叫聲，捏著嗓子喊叫：『大楚興，陳勝王。』這就是篝火狐鳴。」老人說到這裏，笑了起來。

司馬遷笑著記錄著，其他人也都哄然大笑。

「大家把魚腹丹書和篝火狐鳴聯繫起來，覺得陳勝就是真命天子。陳勝、吳廣看到時機成熟，就號召大家一起反秦。他們說：『王侯將相，寧有種乎？那些王侯將相，也不是天生的貴命好種，壯士要轟轟烈烈地死。』這話以前大家哪裏聽過啊，聽他們這麼一說，都認為有道理，於是就推舉他們為首領。一下子聚集了九百多人起義，戍邊的人都反了。」老者說著，也激動起來。

「王侯將相，寧有種乎」，這等振聾發聵、石破天驚的話，竟然出自兩位莊稼漢之口，司馬遷不禁對陳勝、吳廣心懷敬意。他認同陳勝、吳廣的話，人都是要死的，死就要青史留名。

「他們殺了縣尉，緊接著有更多的人前來響應他們，人多得就像我們大澤鄉水中密密麻麻的蘆葦。不到三年時間，這秦二世的天下就亡了。」老者說完，笑了起來。

司馬遷想起董先生講的《春秋》大義，以之衡量秦二世，還挺有道理。

司馬遷收拾好筆墨，向老者和其他農人表示感謝。

老者挽留司馬遷。司馬遷說還要趕路，就又一次謝過眾人，策馬前行。

三

一路上，司馬遷耳邊迴蕩著陳勝、吳廣的話，眼前彷彿出現潮水一般的反秦黎庶，前仆後繼，奮勇向前。得人心者得天下，這天下大勢，誰又能阻擋得了呢？司馬遷這樣想著，馬車向東駛出了很遠。一路上餐風露宿，十幾日工夫，司馬遷就來到了淮陰地界。

淮陰相比大澤鄉，又是另一番景象。

一眼望去，不僅能看到千畝良田以及田間勞作的人們，還可以看到田間星羅棋佈的池塘、湖泊，以及渠邊路旁成行的桑樹。這裏是淮陰侯韓信的故鄉。

司馬遷對韓信的態度比較複雜，他知道韓信是一位擅長帶兵的大英雄，作戰英勇，戰無不勝，為漢高祖劉邦統一天下立下了赫赫戰功，以至於高祖曾說：「連百萬之眾，戰必勝，攻必取，吾不如韓信。」可是韓信的結局很悲慘。司馬遷替韓信惋惜，他在心中假設韓信的結局，如果韓信能夠學一點道家思想，功成身退，不自矜功伐，命運可能會好些。但歷史沒有假設。

對於這位鼎鼎大名的英雄，司馬遷一定要去他的老家看一看，是憑弔，也是為自己的內心尋找一些安慰。

司馬遷若有所思地趕著馬車，看到前面有一個小村子，就進了村。

村裏的人都是不慌不忙的模樣，三三兩兩在一起聊天。司馬遷停穩車子，來到幾個村民面前拱手施禮，向他們打聽有關韓信的事情。

這些人一聽司馬遷要打聽韓信，一下子就圍了上來，七嘴八舌地說：「韓信母親的墓，就在我們這裏。」

司馬遷聽他們這麼說，滿懷期待，急忙拿出記錄的筆墨和竹簡。

「韓信少時家裏很窮，缺衣少食。」一位中年男子說。

「韓信有點不務正業，一般的事情不屑於做，活該受貧。」一位稍微年長一點兒的男子插嘴道。

這時，一位老丈說：「不過，我們這裏民風淳厚，有位老嫗看到釣魚的韓信餓得難受，時常帶食物給他。」

「這位老嫗真是太善良了，想不到韓信少時竟如此艱苦。」司馬遷感慨道。

「韓信能夠果腹，對老嫗甚是感激，向老嫗承諾，若日後富貴，定當重謝。可是老嫗聽後非常生氣，她告訴韓信，大丈夫不能養活自己，還誇什麼海口，她只是憐憫韓信，並非貪圖回報才這樣做。」老丈又說。

司馬遷連連誇讚老嫗仁慈。

「後來韓信富貴了，信守諾言，返鄉給了老嫗很多錢。」第一個說話的中年男子補充道。

這些事情，如果不是聽當地人講，司馬遷是無論如何不會知道的。聽村民說韓信母親的墓就在附近，司馬遷表示想去看一下。幾個熱心的後生帶著司馬遷，走了不大一會兒，就來到了一片寬敞的空地。

村民指著空地上的一個土塚說：「那個就是韓信母親的墓。」司馬遷走了過去，站在墳墓前左右觀望，發現這裏地勢高，面積大，足以住下萬戶人家。村人告訴司馬遷，韓信母親去世的時候，因為家貧，無法厚葬母親，就自己選擇了此地。司馬遷把聽到的、看到的都一一記了下來。

辭別村民，司馬遷還沉浸在對韓信的遐想中。接下來去哪裏呢？司馬遷想到了治水的聖人大禹。對，去會稽山看一下，那裏不僅有大禹陵，還有大舜陵。

四

司馬遷不知走了多少天，一日來到了長江岸邊。找個地方簡單用過餐，司馬遷將馬車放在一戶人家，然後乘船過了江。

過江後，騎馬前行，遠遠望見一座巍峨的大城。一打聽原來是戰國四大公子之一春申君的封邑。但見宮室林立，樓臺高聳，往日的繁盛，依稀可見。司馬遷走進宮室，轉了一圈，不住地讚歎：「太壯觀了！」想像著當年春申君豢養門客，如何威儀照人地出入於此城，猶如回到了戰國時期。

探訪完春申君的故城，司馬遷輕鬆無比。比起前一段時間的奔波遊歷，這次探訪對司馬遷來說，更像是一場文化盛宴。

司馬遷來到江邊，渡江來到寄放馬車的人家，付了酬金。司馬遷又趕著馬車，向南邊的會稽山駛去。

大禹在這裏大會諸侯，計功封爵，因此得名「會稽」。

司馬遷來到會稽山下，只見山清水秀，草木蓊鬱，山間雲蒸霞蔚，鳥語花香。在當地人的幫助下，司馬遷找到了禹穴。在山洞裏，司馬遷想像著當年大禹為了治水住在洞中的情形。出了大禹洞，司馬遷又拜謁了禹王廟。

大禹的事蹟，對司馬遷來說太遙遠了。他實在無法把看到的遺跡和傳說中的大禹聯想起來。

他在會稽還聽到很多越王勾踐的事情，比如臥薪嘗膽的故事。好不容易來一次，司馬遷又來到會稽山北邊的太湖。這裏曾是吳國的故地，他不禁想起吳越爭霸的故事。

離開了會稽山，司馬遷沿長江逆流而上，來到了九嶷山。在九嶷山，司馬遷訪查了大舜陵。舜也是傳說中的一位聖王，比大禹還要久遠。

司馬遷看完舜陵後，就從湘江順流北上來到了長沙。長沙的北邊，是楚國三閭大夫屈原投江的地方。司馬遷誦讀過很多屈原的作品——《離騷》、《九歌》、〈橘頌〉等。對這位偉大的愛國詩人，司馬遷仰慕他的文采，欽佩他的忠貞。這次從長安出來遊歷，汨羅是他重要的考察地之一。

司馬遷佇立在汨羅江邊，看著靜靜流淌的江水，吟誦著屈原的詩句：「長太息以掩涕兮，哀民生之多艱。」「欲少留此靈瑣兮，日忽忽其將暮。吾令羲和弭節兮，望崦嵫而勿迫。路曼曼其修遠兮，吾將上下而求索。」

正吟誦間，走來一位漁人。他好奇地打量著司馬遷，漁人問：「先生這是要憑弔屈大夫嗎？」

司馬遷從詩文的意境中回過神，連忙應答：「我從北方來，敬仰三閭大夫，特地來此看看。」

司馬遷從漁人那裏聽到了屈原的故事：屈原有才氣，也很忠君愛國。當時的楚國經常受到秦國的欺負。屈原主張與秦國拚爭到底，但是楚國的一些貴族大臣卻貪圖秦國的賄賂，在楚王面前詆毀、排擠屈原。楚王因此不再信任屈原。屈原被逼無奈，只得到處流浪。後來秦國攻破了楚國的首都，屈原報國無門，來到汨羅江畔，披髮行吟，投江自盡。

小時候司馬遷聽祖父講孔子的故事，十歲後聽董先生講《春秋》。孔子飄蕩多年，終不得志。

司馬遷打定主意，趕著馬車往曲阜方向駛去。去曲阜的人很多，天子表彰儒學，孔子的影響愈來愈大，自然不乏去孔子故里參拜的人。

司馬遷到了曲阜城，他看見進出城門的人禮讓有序，一派清明盛世的景象。進了曲阜城，司馬遷參觀了孔子廟、孔子故宅以及和孔子相關的車服禮器等。孔子的門徒展示儒家禮儀文化。司馬遷沉浸在神聖肅穆、崇高莊嚴的氛圍中。聽著清脆的讀書聲，司馬遷在孔子廟久久徘徊，不忍離去。他心裏讚歎，孔子作為一介布衣，影響所及，竟然超過十幾代人，天下儒生莫不以他為宗師，真是至聖啊！

為了「觀孔子之遺風」，司馬遷在曲阜停留了三日。

既到魯國舊都，又怎能錯過毗鄰的齊國。於是司馬遷便從曲阜驅車去了東南不遠處的薛地。

薛地原是戰國時期孟嘗君的封地。孟嘗君、春申君、信陵君以及平原君，有戰國四大公子之譽，均以養士著稱。其中，最喜歡養門客的就是孟嘗君，他廣招天下奇士豪傑，連雞鳴狗盜之輩也都網羅於家，以備不時之需。

一進入齊國故地，司馬遷就發現其風土人情與曲阜明顯不同。

到了薛地，司馬遷直奔孟嘗君的故城遺址。觀看遺址之際，突然來了三五個彪形大漢，將司馬遷團團圍住。

司馬遷穩住氣息，問道：「諸位為何如此？」

來者中為首的一人，嘿嘿冷笑道：「借點錢用。」

司馬遷心裏咯噔一聲，暗道不好，沒想到光天化日，竟然遇到打劫了。

司馬遷正盤算著如何花錢消災，身後巷子裏走出一位鶴髮童顏的老者。老者衝著那些人喝了一聲：「休得無禮，免得驚嚇遠方來客。」

為首者一見到老者，倒也識趣，說了句「阿丈見諒」，帶人走了。

司馬遷虛驚一場，趕忙向老者道謝。老者問司馬遷從何處來，司馬遷說從長安來。老者說：「原來是天子腳下的貴客。」

司馬遷請教老人，為何此地與魯國毗鄰，但魯人彬彬有禮，這裏卻民風慓悍。

老人一聽，哈哈大笑，說：「這要問孟嘗君啊！」

原來，孟嘗君喜歡養士，招來一些任俠奸人，人數多達六萬多戶，這些人在薛地安家，影響了薛地民風。

五

彭城乃楚國舊都，其東邊為項羽老家下相，北邊是高祖劉邦和蕭何、曹參、周勃等開國功臣的老家沛縣，東北邊則是著名謀士留侯張良遇見黃石公的下邳。彭城作為楚漢戰爭的重要戰場之一，承載了太多的歷史風物。

司馬遷想去彭城，瞭解一下英雄背後的故事，以彌補此前來淮河流域時間匆忙的遺憾。

趕到彭城時，由於長途跋涉，再加上天氣突然變冷，司馬遷一下子病倒了。他躺在旅舍的床鋪上，滿臉通紅，渾身發燙，不住地咳嗽，呼吸也變得有點急促。

旅館的主人嚇壞了。掌櫃一邊安排人看護司馬遷的馬，一邊派人去找醫生，唯恐司馬遷有個三長兩短。

醫生來了之後，看了看司馬遷的臉色，又讓司馬遷伸出舌頭看舌苔，然後把三根手指搭在司馬遷的手腕上進行診脈。

掌櫃見狀，急忙問道：「請問這位客人病情如何？」

醫生說：「病得不輕啊，一定是過於勞累，偶感風寒，又夾雜傷食，已有變症。」

正說話間，司馬遷從床上俯身到床邊，嘔吐起來。

醫生急忙開處方，一會兒工夫，處方就寫好。

醫生將藥煎好，見司馬遷喝下，這才離開。掌櫃付了診金，送走醫生。

晡時稍過，司馬遷出了一身汗，感覺舒服很多。掌櫃摸了一下他的額頭，已經不像方才那樣燙。

司馬遷在旅舍將息數日，漸漸有了食慾，身子也慢慢恢復了，感覺像從鬼門關走了一趟。掌櫃見司馬遷病已痊癒，懸著的心才落了下來。

第二天朝食後，司馬遷付清住宿、治病的費用，然後向掌櫃深施一禮，就往彭城一帶去了。

在彭城，他打聽到項羽的英雄事蹟；在沛縣，他得知樊噲本是屠狗之輩，蕭何和曹參原來也只是秦朝政府的普通獄吏，周勃僅僅是個辦理喪事時的吹鼓手。司馬遷對他們的際遇無限感慨，當卑賤之時，誰又能料到他們日後的顯赫！

讀萬卷書不如行萬里路，兩年多的遊歷讓他對世相人生有更多的感悟。

從彭城向西，司馬遷走在回長安的路上。歸途路過開封，這裏曾是魏都大梁。在大梁，司馬遷看了戰國四大公子之一的信陵君迎接門客侯嬴的所在地夷門，瞭解到當年秦攻大梁，水淹大梁城三個月，導致城牆潰塌，才迫使魏王投降的。

西出大梁城，司馬遷路過崇高縣，他登上太室山附近的箕山，尋訪了唐堯時期的大隱士許由的墓塚。之後一路向西，司馬遷風雨兼程，長安遙遙在望了。

入仕

一

司馬遷終於回到了長安。

父親和母親見到日思夜想的兒子，自然是歡喜不已。

久別初還，司馬遷忙著要向父親稟告在外面的見聞。司馬談發現兒子比以前沉穩了很多，見識也今非昔比，心裏無比欣慰。

司馬遷回到長安已有月餘，這天正在整理遊歷見聞，突然接到朝廷通知，要他參加測試。為五經博士設置弟子員，是丞相公孫弘向漢武帝提出的建議，目的是為國家延攬人才。司馬遷是以董仲舒弟子的身分參加測試的，由於成績優異，被朝廷任命為郎中。

這一年，司馬遷二十三歲。

司馬談對於兒子正式成為朝廷官員，非常開心。雖然郎中是最低級的郎官，但許多貴族子弟都是將郎中作為進身之階。司馬談作為一個六百石俸祿的太史令，其實並沒有資格選送兒子為郎中，這要多虧董先生的舉薦。

司馬談問兒子：「你可知道郎中職責？」

司馬遷回答：「有司雖對孩兒已有交代，還請父親大人教我。」

司馬談笑著說：「郎中雖是小官，可是無比榮耀，因其可以『親近天子』。無事，郎中便看守宮門為侍衛；天子出行，則追隨天子為侍從。雖然俸祿只有三百石，但為朝廷效力，不可僅僅盯著祿利。」

司馬遷的終身大事被父母牽掛。父親託人為他尋下一門親事，女方雖非出身仕宦，倒也生得模樣周正，為人賢淑。司馬遷有嬌妻陪伴，又經常出入皇帝身邊，眼角眉梢都迸發出昂揚的英氣。

司馬遷對自己的仕途充滿了信心。他好奇皇帝一天是怎樣生活的，他也渴望侍從皇帝巡遊各地，看看那些自己沒去過的地方。

機會很快就來了。

元狩二年（前一二一年）冬十月，天子要去雍地祭祀五帝，司馬遷作為郎官隨侍天子。在盛大的祭祀活動中，司馬遷靜靜旁觀，皇家祭祀的排場令人震撼。從漢武帝畢恭畢敬的禮拜中，司馬遷發現了端倪，他眼前這位不可一世的帝王，希望通過祭祀長生不老。

在眾多皇家祭祀中，給司馬遷留下深刻印象的有兩次祭祀。

一次是元鼎四年（前一一三年）。漢武帝到雍地祭祀五帝之後，一路折向東北。此次隨皇帝出行者還有父親司馬談。這次皇帝不僅要祭祀五帝，還要去祭祀后土。這些祭祀的禮儀都需要司馬談和祠官寬舒共同制訂。

祭祀的隊伍浩浩蕩蕩，宛如遊龍一般，行進在前往汾陰的路上。途中經過夏陽，但父子二人要務在身，只能與故鄉擦肩而過。

從夏陽到了河東，發生了一件令司馬遷唏噓不已的事情。河東郡太守因沒料到皇帝會到河東，來不及準備接待物品，在恐懼中自殺了。司馬遷無比震驚，突然覺得入仕也是一件危險的事情。

漢武帝到了汾陰，聽從司馬談和寬舒的建議，立了后土祠。祭祀完后土，一隊人馬隨漢武帝南渡黃河，取道滎陽，從滎陽西行到了洛陽。在洛陽，司馬遷父子二人陪著皇帝看了東周王室故地。

另一次是元鼎五年（前一一二年）。這年冬天，漢武帝仍像往常一樣去雍地祭祀了五帝，本要返回長安，可他突然心血來潮，想去甘肅的崆峒山祭拜黃帝。

司馬遷和父親等一行人只得隨皇帝西過隴阪。結果，同樣的悲劇再次發生。隴西郡太守像河東郡太守一樣，因未來得及為皇帝準備供應之物，在抑鬱中自殺。

漢武帝不理會這些，執意要去崆峒山。

司馬遷隨漢武帝登上崆峒山，尋訪黃帝遺跡進行祭拜。趁此機會，司馬遷向當地百姓打聽到一些有關黃帝的傳說。

從崆峒山回來，漢武帝又要去甘泉山。方士們都說甘泉山是黃帝跟神仙相見的地方，夢想成仙的漢武帝又哪能錯過呢？司馬遷和父親作為侍從陪伴在天子身邊。

在甘泉山，漢武帝命人祭祀，場面宏大，但荒誕怪異。

司馬遷發現，皇帝每次外出祭祀都耗費頗多，所到之處，百姓官吏傾其所有。儘管勞民傷財，但皇帝喜歡。司馬遷位卑言輕，他又能做什麼呢？

司馬遷想起了幾年前抑鬱而終的司馬相如。他和自己一樣身為郎官，文采過人，工於辭賦，是天子賞識之人。司馬相如和自己一樣，也曾為皇帝的揮霍而憂心。司馬相如為勸諫而寫的那幾篇文辭華美之賦又有什麼效果呢？

司馬遷暗中觀察天子，而司馬談卻在暗中觀察兒子。他幾次與司馬遷侍從皇帝巡遊，發現兒子均能恪盡職守，對他也就逐漸放心了。

二

一入公門不自由。自入仕以來，司馬遷不是外出侍從天子，就是在宮中做侍衛，他覺得對妻兒照顧不周。剛從甘泉山回來不久，天子派司馬遷代表朝廷去西南巡視。

西南一帶，對司馬遷來說，充滿了神祕感。幾年前他外出遊歷，足跡主要集中在中原和東南。西北一帶的風物，也是之前侍從皇帝巡遊時才得以觀覽的。司馬遷對西南諸地的印象一直停留在唐蒙、司馬相如等人的描述中。

漢武帝此次委派司馬遷出使西南是有深意的。漢武帝派人攻破南越，大漢朝威震西南，夜郎、且蘭、邛、筰等地紛紛歸順，於是西漢政府在西南設立牂牁、越巂、沈犁、汶山和武都五郡。漢武帝派司馬遷出使西南，就是要他代表朝廷視察、慰問五郡，暗中刺探五郡的動靜，並藉此考察司馬遷的政治才能。

對於前者，司馬遷心中有數；對於後者，他卻不曾想到。持節領命之後，司馬遷辭別父母、妻子，向西南五郡進發。

司馬遷出長安，至陳倉，經漢中，越巴山，直奔巴蜀。一路上奇山秀水，風光與長安地區愈來愈不同。

司馬遷所到之處，當地官員對他禮遇有加。作為朝廷的使臣，他代表天子陳述四海一統，天下一家的政治理念，並帶來朝廷的恩澤。當地官吏對這位儒雅的中央官員頗為敬重，紛紛在司馬遷面前表露效忠之意。

司馬遷對新設五郡放心了。穿行在西南的山山水水，腳踩著大漢朝遙遠的土地，司馬遷內心洋溢著難以名狀的自豪。

相較於以往的巡遊，司馬遷更喜歡這種獨自行走的感覺。更何況西南的一切都迥異於中原。在越嶲郡，有當地山民送給他邛竹杖；在汶山郡，寨子裏的長者讓他品嘗枸杞醬。司馬遷還欣賞了熱烈奔放的舞蹈，領略了無比神奇的地貌，他發現自己喜歡上了這片土地。

通過與地方長者的交談，司馬遷發現，這裏的百姓儘管衣食之俗不同於中原，但都是黃帝的裔孫。「同根異枝，一源多流啊！」司馬遷感慨道。

就在司馬遷流連忘返的時候，他人生中的一件大事正悄然向他逼近。

受命

一

元封元年（前一一〇年），冬十月。塞外朔方，寒風凜冽。

西漢帝國的最高統治者漢武帝劉徹此時正親率十八萬騎兵，浩浩蕩蕩地越過長城，向匈奴炫耀國力、軍威。匈奴見漢軍旌旗蔽日，綿延千里，勢如遊龍，哪裏還有挑戰的勇氣。於是乎只能做退守安順之狀，一任漢武帝耀武揚威，招搖而去。

此時的司馬遷，從西南邊疆返回，正風塵僕僕地飛馳在準備面聖的路上。

這是前一年的事情。三十四歲的司馬遷，身為皇帝郎官，憑藉自己的能力和品德，逐漸取得了漢武帝的信任。西漢帝國在漢武帝及群臣的治理下，國運蒸蒸日上，幾乎到了發展的頂峰。以前不肯臣服的邊疆諸部也開始示好，願意投入大漢帝國的懷抱。漢武帝當然開心。於是漢武帝安排司馬遷出使巴蜀以南，要代表他和西漢政府，去考察那裏少數民族的民風民情，做好政府的安撫工作。

司馬遷在西南的工作是繁重而充實的。他接近當地官吏，體察百姓生活。司馬遷覺得這片以前距離長安無限遙遠的陌生土地，在自己心中愈來愈真實，愈來愈親切。他幾乎喜歡上了這片土地。在工作閒暇，他騎了犛牛，看了丹砂礦，也走訪了辭賦高手司馬相如的老家，探聽了才女卓文君的逸聞……

司馬遷必須要走了。仔細算來，離開皇帝已經一年有餘了。他必須在封禪泰山之前趕到皇帝那裏去。司馬遷也牽掛自己年邁體弱的父親。

在路上，司馬遷聽說漢武帝在朔方顯示了軍威之後，又東巡海上，然後又一路向西來到洛陽。在洛陽稍做休息後，漢武帝祭祀了中嶽太室山。如此漫長的行程，父親司馬談能否挺得住，並等他回來呢？眼看著距離中原愈來愈近了，司馬遷的心激動起來，眼睛濕潤了。再一次呼吸到熟悉的空氣，司馬遷看著這河山故物，所有的鞍馬勞頓一時都煙消雲散了。

司馬遷沒有直接去見皇帝，而是趕往洛陽，看望了自己朝思暮想、百般牽掛的老父親。當他站在父親面前時，一下子怔住了，眼前的父親已經病入膏肓，猶如風中之燭，喘息在臥榻之上。

「父親！」司馬遷一下子撲到父親床前，抓住父親的手，淚流滿面。

「這到底是怎麼回事？」司馬遷不解地問，「孩兒臨行之前，父親大人不是還好好的嗎？」

「遷兒，你總算回來了。再遲幾天，我們父子可能要陰陽兩隔了。」司馬談費力地說著。

「父親到底是怎麼了？」司馬遷看到父親費力的樣子，失聲痛哭。

「今上要封禪泰山，這是天大的事情。只有行完封禪之禮，上天才能認可天子的地位。算起來，也只有暴秦的始皇帝才有如此榮耀。但是，秦朝的封禪是有問題的，所以並不圓滿。」司馬談說起這些的時候，眼中閃爍著一道光。儘管他的身體已經極其虛弱，但看得出他對封禪很有研究。

「孩兒知道今上要封禪泰山，所以才著急趕回來覆命。」司馬遷說。

「我身為太史令，豈可錯過國家大典呢。我應該參與此事，還要把它記載下來，這是我的職責！」司馬談的聲音儘管很低弱，但這幾句話卻說得斬釘截鐵。

司馬遷點點頭，他看著父親。

「可是今上身邊的那些人別有用心，他們也並不清楚該如何進行封禪，都是為了滿足私慾給今上出餿主意。今上竟然看不穿他們的把戲。我提了一些建議，竟然被呵斥一通，差一點還被定為誣上的罪名。」司馬談說。

司馬遷知道，隨著國力的強盛以及邊防問題的解決，漢武帝愈來愈自大，有些飄飄然，幾欲比肩上古堯舜。他已經不再滿足於世俗的享樂，愈發想做神仙了。在西南巴蜀的時候，司馬遷曾去司馬相如的老家探訪。他想起司馬相如寫的〈大人賦〉就是一篇勸諫漢武帝不要癡迷神仙的傑作。可是，明明知道求仙是虛妄之想，誰又敢逆龍鱗而直言呢？司馬遷在為父親感到自豪的同時，也深深為父親捏了一把汗。

「今上以我年邁體衰為藉口，借體貼愛惜之名，讓我留在洛陽休養身體。我完全可以隨聖駕到泰山封禪，但聖命難違，我只能從命。身為太史令，千載難逢的封禪大典卻不能參與，這難道是我的宿命？！」司馬談愈說愈氣憤。

「請父親放寬心。老子不是說過『名與身孰親』嗎?身體重要,來日方長。」司馬遷安慰著父親。

「不能跟隨今上到泰山封禪,這分明是排擠為父,這樣活著,有何意義!我很氣憤,一下子就病倒了。說是讓我在洛陽休養,老天這是要我亡在洛陽啊!」司馬談的氣息愈來愈弱。

司馬遷把父親的手抓得更緊了。淚水早就模糊了他的雙眼,父親的臉在他眼中模糊起來。

「我們是重黎氏之後,世代做史官。我死以後,按照大漢法律,你很有希望會接替我擔任太史令。你若為太史令,千萬不要忘記我的願望——我一直想接續祖業,寫一部史書。」

司馬遷不住地點頭。

「做子女的,要講究孝道。除了侍奉父母,還要讓自己能夠立身於世,揚名天下,使自己的父母感到榮耀。你是個孝子,知道自己該怎麼做。」

父親說的這些，他以前不是沒有想過，但今天卻感覺非同尋常。他覺得自己的使命一下子神聖起來。

「周朝從后稷奠基到幽王、厲王時期的禮崩樂壞，典章制度與世道人心的變化，不可謂不大。孔子編訂《詩》、《書》，作《春秋》，至今為學者稱道。孔子不在已經四百多年了。」司馬談很疲憊，他停頓了一會兒，「如今國家強盛，海內一統，有明主，有賢君，有忠臣，有義士。我作為太史令，卻未曾把這些人物載入史冊，實在是失職之極！我怕因我的失職，而使天下的史統中斷。可是，我現在卻無法彌補了。」司馬談的眼淚流了下來，眼睛緊盯著司馬遷，眼神中有絕望，也有希望。

司馬遷睜大眼睛，深情地望著父親。

「遷兒，我不行了。你一定要記住我今天的話，千萬要記住！效法孔子，著史書，你要完成我的使命。」

司馬遷放聲大哭，俯著身子說：「孩兒雖然愚笨，但一定會將父親大人搜集的文獻全部整理出來，認真研讀，寫一部史書。」

司馬談看著兒子，慢慢閉上了眼睛。司馬遷安葬了父親，並把父親去世的事情上報了朝廷。

短暫調整之後，司馬遷又出發了。他要去漢武帝那裏覆命，稟報西南之行的情況。同時，作為郎中，他需要回到漢武帝的身邊隨侍。這樣，他也可以替父親看一下封禪泰山的大典，以告慰父親的在天之靈。

這一年，司馬遷三十六歲。他永遠失去了愛他的父親。

著書

一

司馬遷懷著無比悲痛的心情，騎著馬趕往泰山。

漢武帝本來是要封禪泰山，可是聽方士說在海上能遇到神仙，就鬼迷心竅地把封禪之事暫放一邊。他覺得與其封禪泰山感化神仙降臨，不如在海上尋找神仙。於是，漢武帝派了好幾千人去海上尋求蓬萊仙人，他自己也在海邊到處祭祀，幻想能和神仙偶遇。時間一直拖到四月份，漢武帝和大臣們才商量如何封禪。這正好給司馬遷留夠了時間。當司馬遷趕到皇帝身邊時，封禪大禮還沒有進行。

漢武帝聽取了司馬遷的報告，對司馬遷西南之行非常滿意，愈發賞識這位日漸成熟的郎官。司馬遷強忍悲傷，參加封禪典禮。

漢武帝的運氣，比秦始皇要好很多。當年秦始皇封禪，遭遇暴雨，而武帝封禪這一天，晴朗無風。

漢武帝先是在泰山南邊的梁父山上舉行了禪禮，然後又在泰山東麓祭祀太一，舉行了封禮。之後，漢武帝又和霍去病的兒子霍嬗到泰山頂上舉行了第二次封禮。從泰山下來，他們又在泰山東北的小山上舉行了第二次禪禮。禮畢，漢武帝端坐明堂，接受文武群臣的祝賀。一切看上去都是那麼順利。漢武帝很開心，他一時興起，又要到東邊的海上去尋訪仙人。漢武帝覺得，封禪之禮也完成了，神仙總該垂青自己了吧？可是，突然有人來報，霍嬗（霍去病子）暴病而亡。漢武帝覺得掃興，就沿著海邊北上。

司馬遷隨侍天子沿海北上，一直到達碣石山。武帝登上碣石山，很遺憾沒遇到神仙，就轉到遼西、九原。一直到五月份，漢武帝一行轉了一大圈兒，最後到了甘泉山，由甘泉回到長安。

司馬遷跟著天子，飽覽了長城內外的風光。回到長安，司馬遷才得知漢武帝此次出行耗費絲帛一百多萬匹，花掉金錢數以萬計。司馬遷感歎於國家的強盛，但對漢武帝的揮霍，他覺得不妥。

二

父親去世後，司馬遷和母親、妻兒相依為命。儘管日子依然安穩，在朝廷也比較順心，但再無人與他一起討論天下大事，再無人為他解惑。

按照禮制，司馬遷要為父親守喪三年。三年之中，不做官，不嫁娶，不赴宴，不應考。

父親不在一年多了，司馬遷還沉浸在喪父之痛中。家事如此，國事亦非一片和樂。之前黃河決口，漢武帝總是委派官員前去治理，這次為了昭示自己仁愛子民，他要親自治河了。

經常決口氾濫的河段，距離東郡治所不遠，人稱瓠子口。漢武帝之前曾派汲黯和鄭當時發動十萬人堵塞決口，但堵塞的地方還是經常被沖開。丞相田蚡竟然胡說八道，上奏武帝說黃河決口是天意，不能人為堵上，否則天人不能相應。漢武帝聽信了田蚡的話，就停止了治河。二十多年來，當地百姓飽受黃河肆虐之苦，有的年景甚至顆粒無收。

司馬遷沒見過田蚡，但對他所謂天人相應之類的話卻有耳聞。司馬遷之前聽董仲舒講過天人感應，對此他心存疑惑。對任由河水氾濫的行為，司馬遷非常不滿。得知漢武帝要去瓠子口治河，司馬遷覺得漢武帝可能察覺了以前的錯誤。

其實，漢武帝要治理瓠子口河段，只是因為前往泰山封禪，路過瓠子口，看到氾濫的河水，覺得與大漢盛世不甚相符。於是在封禪之後，漢武帝要親赴瓠子口指揮治水。

漢武帝來到治河工地，先將白馬和玉璧沉入河中祭祀河神，之後命文武百官都去田野和附近村莊背柴草以堵塞決口。司馬遷和侍從官員以及當地民吏見皇帝親自治河，都爭先恐後地忙碌起來。

文武百官等運柴草，打立樁，塞柴草，填土石。決口愈來愈小，眼看就要合攏了，可柴草卻不夠用了。正是春天時節，當地百姓要用柴草生火做飯，堵河的柴草愈來愈難找。

漢武帝擔心功虧一簣，乃作歌曰：

瓠子決兮將奈何？浩浩洋洋，慮殫為河……隤林竹兮揵石菑，宣防塞兮萬福來。

治河結束以後，漢武帝在新的河堤上建造了一個宮，取名「宣房宮」。司馬遷覺得皇帝儘管癡迷神仙，但心繫天下，國家充滿了蓬勃的朝氣。看到被河水沖毀的農田和村莊，司馬遷想，一定要在父親欲修的史書中寫一篇文章，記錄天下的河流溝渠，以興水利。

元封三年（前一〇八年），由於司馬遷表現突出，漢武帝下令，任命司馬遷為太史令。司馬遷擔任太史令後，不久，司馬遷的母親去世了。

身為太史令，司馬遷要像父親一樣追隨天子籌備祭祀典禮。元封四年（前一〇七年）、元封六年（前一〇五年）冬天，他隨天子北巡；元封五年（前一〇六年）冬天，他隨天子南巡。漢武帝祭祀天地山川的活動愈來愈頻繁。司馬遷發現，漢武帝陷入迷戀神仙的泥淖，幾乎無法自拔。

擔任太史令的第五年，司馬遷做了一件大事。他和太中大夫公孫卿、壺遂等人聯名上書皇帝，指出現行秦代曆法的謬誤，建議改曆。漢武帝覺得修曆是關乎朝廷天命的大事，就召集大臣們商議。大臣們一致贊同改正朔，易服色。漢武帝自然高興，他認為一旦完成此事，在大漢朝歷史上會留下濃重的一筆。

司馬遷和公孫卿、壺遂、鄧平、侍郎尊、落下閎、唐都等人經過反覆研究，商定恢復夏曆系統，以夏曆的正月為歲首，服色尚黃。

這一年，被稱為太初元年（前一〇四年）。修曆之後，百姓在農業生產、生活中就更加方便了。

三

改曆之後的西漢帝國，開始了新的紀元。司馬遷參與了修訂曆法，這種通過觀測天文來修改曆法以指導人事的活動，在他看來就是「究天人之際」。天道和人之間到底是什麼關係，一直是司馬遷自讀《春秋》以來思索的問題。不管天道如何運行，司馬遷決定要先把父親所說的明主賢君、忠臣義士記錄下來。

父親的遺命在司馬遷的耳畔響起。父親說，五百年出一位聖人。周公死後五百年出了孔子，孔子死後至今也將近五百年了。該有一位孔子的繼承者，祖述《春秋》，修一部堪稱後世典範的史書。

董仲舒先生講《春秋》的情景又一幕幕浮現在腦海中，司馬遷激動不已。對，該動筆了，大漢王朝已邁向新紀元，這部紀傳體著作也應墨染新簡。

為完成父親的遺命，司馬遷開始梳理父親留下的資料和手稿，並借助太史令職務之便，查閱國家收藏的大量文獻資料。司馬遷大量查閱國家藏書的行為引起了一個人的注意。

壺遂此前為中大夫，現在是光祿大夫，精通曆律，俸祿千石，職位頗高。在發現司馬遷私查國家圖書後，壺遂並未聲張，而是謹慎地試探司馬遷。

壺遂問司馬遷：「閣下近來頻繁出入石室蘭臺，所為何事？」

司馬遷瞭解壺遂的為人，就坦率地告訴他說：「先父遺願，欲修史志。小子不才，亦願接續《春秋》，代父著述。」

司馬遷說這些話的時候，儘管表現得很得體，但那種雄視百代的自信是無法掩飾的。

壺遂看著司馬遷，緩緩地說：「孔子當時不遇明君，到處碰壁，所以才作《春秋》。閣下卻不同，身有官職。且如今明君在位，天下太平，百姓各得其所，足證今上治國有道。閣下卻要接續《春秋》，是何用心？」

壺遂的話不無道理。如果強調所寫的史書與《春秋》具有相同的意義，言外之意是暗諷當下是亂世，皇帝是昏君。

司馬遷想到這裏，急忙向壺遂解釋：「聽先父說，伏羲氏時，天下太平，然伏羲尚作《易經》八卦；堯舜之時，百姓和樂，但《尚書》載其德行；商湯和文武王之功業，亦為《詩經》讚頌；孔子作《春秋》，並非僅為刺世，尚且崇三代之德，表彰姬周。今幸遇明君盛世，若不將明君之德及功臣、世家、賢士大夫行事載入史冊，則有負先父教誨，於我則為失職。我只是想將已發生之事記錄下來。」

壺遂沒再說什麼，只是建議司馬遷落筆需慎重。

要動筆的時候，司馬遷陷入了沉思。載錄以往之事，書寫卓異之人，難道僅僅就為了存史？人與事背後有沒有一種道存在？閱讀古代典籍，驗之周圍人事，司馬遷覺得，這背後一定有某種微妙的聯繫。最終，司馬遷確定了著述的宗旨：「究天人之際，通古今之變，成一家之言。」他要通過幾千年的歷史演變，探究自然和人類社會的關係，考察歷史演進的規律，形成自己的人生和歷史哲學。這個宗旨不可謂不宏大，但他覺得，自己應該為此努力。

宗旨確定了，可是該如何寫呢？司馬遷熟悉的《春秋》，是逐年記錄的編年體。他要寫的可是幾千年的過往之事，還有那麼多非同尋常的人物，而且並非所有的事件都適合逐年而記。再說，事還不是人做的嗎？這樣反覆思量，司馬遷決定以人物為中心來撰寫。

幾千年的歷史長河，大浪淘沙，留下的卓異之士，如群星閃爍，不可勝數。難道這些歷史人物僅僅按照先後順序寫出來嗎？這些人物之間有沒有區別，是否有關聯？司馬遷左思右想，決定用本紀、世家和列傳將這些人物囊括其中：本紀記載帝王或擁有類似帝王權力者之行跡。世家主要記載諸侯王以及歷史上一些著名人物的事蹟。列傳記載本紀、世家不便收錄的各階層的突出人物。影響大、事功大者，單獨成篇；相類似、有關聯者，幾人整體作合傳；一類人者，綜合為一篇類傳。

司馬遷根據掌握的文獻資料，羅列了要寫之人，按照以上分類，大致做了規劃：天有十二次，時有十二月，立本紀為十二篇；三十輻共一轂，猶如股肱之臣輔助帝王，且三十年為一世，三十亦一月之日數，立世家三十篇；卓異之士燦若繁星，七十為數之多者，合於列傳之意，故立列傳七十篇。

當一切就緒之後，從哪裏寫起這一問題又令司馬遷傷透了腦筋。若從盤古開天闢地寫起，可洪荒之事，傳說不一，若載入史冊，則有違史家實錄原則。司馬遷想起自己年輕遊歷時，曾有意向各地德高望重的老人請教黃帝以前之事，可那些有學問的老人也說不清楚。司馬遷覺得，與其記載那些荒誕不經的傳說，不如截斷眾流，直接從軒轅黃帝寫起。

司馬遷徵求孩子們的意見。

長子司馬臨說：「史乘所載，愈久遠愈好。」

次子司馬觀說：「史以信為貴，不若以黃帝始。」

司馬遷贊同次子的觀點。他相信，選擇從黃帝寫起一定會有人反對，但更多通達之人會贊同他。司馬遷默念著：「知我者黃帝，罪我者黃帝。」於是揮毫寫下：「黃帝者，少典之子，姓公孫，名曰軒轅……」

寫前朝史易，寫當朝史難。秦朝末年，諸侯蜂起，勠力反秦，幾年之間，秦朝瓦解。隨之而來的是楚漢相爭。西楚霸王項羽後雖敗於高祖劉邦之手，但在秦漢之際，項羽定都彭城，發號施令，分封諸侯，儼然如帝王。在內心深處，司馬遷是喜歡這位力能扛鼎的英雄的。要不要把他寫在帝王系列的本紀中，司馬遷猶豫再三，拿捏不準。若以成王敗寇論之，項羽不應入本紀，且他與高祖相抗衡，為漢家讎寇。身在漢室，司馬遷實不應以帝王視之。倘若本紀中捨棄項羽，又與他的實際功業不相符。

最後，司馬遷想到孔子作《春秋》的先例，他覺得，項羽「位雖不終」，但像他這樣的人物，「近古以來未嘗有也」。於是司馬遷將項羽列入本紀，他贊同了項羽的獨特地位。

要寫本朝高祖的時候，他又一次為難，要不要將遊歷時在豐邑的見聞寫進去。如果寫入，有些事情勢必會有損高祖形象；如果不寫，豐邑之行的所得就失去了意義，後人對高祖的認識便會失真。但真要動筆寫開國之君的瑕疵，恐又不容於世。

司馬遷的夫人見司馬遷的寫作有幾日處於停滯不前的狀態，心疼不已，就問丈夫寫作的情況。司馬遷告知她事情的原委，夫人一聽，莞爾一笑。

夫人說：「看夫君茶飯不思，以為遇到天大難題，不曾想是發愁如何寫。我雖不懂著述，但製衣我卻懂。自家有許多衣料，發愁用不上，何不將不宜用在前面的布料用在背面，或者袖口腋下，彼此有些映襯。」

司馬遷一拍几案，連誇甚妙。他決定將不宜寫入高祖本紀的一些言行，寫在其他人的傳記中，以備後人閱讀此書時，可以各篇相互映襯。

高祖之妻呂雉，雖為皇后，但在諸呂專權之時，一如項羽號令天下。因此，司馬遷將呂后寫入本紀。

令司馬遷沒想到的是，在接下來寫漢武帝的問題上，他和家人發生了嚴重分歧。

按照司馬遷的設想，漢武帝是必須要大書特書的。當他把這一想法告訴家人時，妻兒幾乎全部反對。

「夫君萬萬寫不得。今上不比高祖，一古一今，且尚未有定論，寫之恐遭災殃。」夫人說。

「盛世雄主，不寫有負聖朝。」司馬遷道。

「倘若聖上御覽，稍微有些不滿，可是犯上之罪。」次子司馬觀也勸阻父親。

「父親大人雖隨侍今上多年，知道的事情甚多，然取捨之間，不可不慎。」兒子司馬臨也不同意。

「先父臨終前，曾因未能載錄明君賢臣而深表遺憾。我雖愚鈍，欲承繼先人之志，不敢付之闕如。」司馬遷向夫人解釋道。

「夫君拳拳之意，妾身也能領會。今上雖為千古明君，然是非曲直，不是我等能測度的。萬一一語有錯，即有滅族之罪，請夫君三思而後行。」夫人含淚相勸。

司馬遷沉思良久，一言不發。妻兒看著司馬遷，以為他接受了家人的建議，放棄寫漢武帝。誰知司馬遷沉思之後，態度竟然更加堅決。

司馬遷說：「今上外攘夷狄，內修法度，改正曆法，確立大漢服色，豈能不寫！」

這時，司馬遷的女兒從外面進來，聽到父母兄長的議論，明白了八九分。她這次毅然站在了母親一邊：「阿父恕我多言。初衷好未必結果好，望您三思。」

雖然家人、好友都反對司馬遷寫漢武帝，但他堅持己見。他背著家人悄悄地寫下了〈今上本紀〉。今天的《史記》已經沒有〈今上本紀〉，題目改為〈孝武本紀〉，內容也不是〈太史公自序〉所述的〈今上本紀〉，只是截取了《史記．封禪書》的部份內容。

好不容易寫完了本紀，寫世家時，司馬遷特意安排了兩篇文章：一篇寫孔子，另一篇寫陳勝、吳廣。童年時期，司馬遷就喜歡聽祖父講孔子的故事，後來自己讀《論語》、《春秋》和《尚書》，就更加仰慕孔子。在他看來，孔子身處禮崩樂壞的時代，編訂典籍，提倡王道，傳六經於後世，實在最有資格進入世家。而陳勝、吳廣之事，司馬遷在遊歷之時目睹當地百姓對陳、吳二人之推崇，且二人所為，堪比湯武革命，大澤鄉一聲「王侯將相寧有種乎」，天下諸侯「風起雲蒸」，終滅暴秦，開天下反暴君之端。

列傳雖羅列卓異之士甚多，篇目七十，但司馬遷覺得，不僅要寫中原人物，而且要寫邊疆四夷，天下一家，都當載入史冊。壯年遊歷東南，入仕出使西南，侍從天子巡遊東北、西北，司馬遷對邊地之民多有瞭解，於是他將南越、東越、朝鮮、西南夷乃至大宛和匈奴悉數入傳。

當司馬遷真正沉浸寫作之後，進展頗為順利。司馬遷平時去官署處理文書，偶爾陪皇帝外出祭祀。

妻子為了不打擾他，專門給他騰了一間屋子。孩子們也都長大了，兩個兒子可以幫他研墨，或者用刀片幫他刮掉寫錯的地方。女兒乖巧伶俐，已經可以幫助母親為父親做飯。在家人協助下，他專心著述。

日復一日，年復一年，司馬遷夜以繼日地寫作。寫好的竹簡愈積愈高，儲備的墨塊愈來愈少，司馬遷的身形愈來愈瘦，他的頭髮逐漸變白了。家人不斷地提醒他要注意身體，他總是笑笑，什麼也不說，仍然不停地寫。每當他感到疲憊的時候，父親躺在病床上的情景就浮現在他眼前。不能懈怠！他暗中提醒自己。

除了寫傳記，司馬遷還仿照過去譜牒的形式，將重大事件的時間製成年表。年表如圭表測日，一望皆知，因日有十干，故篇數為十。他在六國年表中說：「或曰『東方物所始生，西方物之成孰』。夫作事者必於東南，收功實者常於西北。」這不能不說是「究天人之際」的一種探索。

「天人之際，承敝通變」，司馬遷作八書以載之。瓠子口塞河之事，司馬遷終生難忘；大禹治水的遺跡就在老家夏陽……因此，八書中專闢一篇作〈河渠書〉，以明水利之要。

儘管司馬遷曾向壺遂表示，自己要寫的史書不同於《春秋》，但他確實想要弘揚《春秋》大義，「不虛美，不隱惡」，暗寓褒貶，傳之後世。

陶醉在寫作中的司馬遷，做夢都不曾想到，上天會和他開一個天大的玩笑。

忍辱

一

漢武帝天漢元年（前一〇〇年），匈奴首領且鞮侯單于即位。新單于擔心政權未穩，漢朝乘機來襲，於是主動示好，將之前扣押的漢朝使者悉數放回，並佯裝謙卑之狀，討好漢武帝：「我兒子，安敢望漢天子！漢天子，我丈人行也。」漢武帝見對方如此謙恭，非常高興。

漢武帝派蘇武和張勝等人出使匈奴，護送之前扣留的匈奴使者回國，並為且鞮侯單于備上了豐厚的賀禮。

且鞮侯單于見漢武帝如此高看他，頓時得意忘形，蘇武等人均大失所望。

蘇武等人完成使命，正要返回中原，匈奴內部卻發生了一件謀反的事情。匈奴一方認為此事與蘇武等人有關，於是扣留了蘇武等人。匈奴貴族將蘇武安置在荒無人煙的北海，讓他放牧公羊。蘇武被告知，待羊生產之後便可放他回去。

此事很快傳到了西漢朝廷，漢武帝勃然大怒。李陵主動請纓，要求自帶一支部隊，兵出闌干山攻打匈奴，以減輕匈奴對貳師將軍李廣利的正面壓力。

漢武帝問他：「你需要多少軍隊？朕的軍隊已派出很多，沒有騎兵可以給你。」

李陵道：「不需騎兵，只要五千步兵，便可直搗單于老巢。」

李陵率領五千步兵奮勇殺敵，箭不虛發，敵人無不應弦而倒。單于摸不清李陵的實力，又率八萬騎兵第二次包圍李陵。

李陵出征時帶的一百五十萬支箭都射光了。他嘆著氣告訴殘餘的部下：「若諸位手中尚有數十支箭，我們就可以突圍。但現在沒了兵器，大家只能坐等天亮被縛。與其被縛，不如大家朝各方逃跑，僥倖能逃回者，尚可向天子報告實情。」

突圍的過程中，幾千匈奴騎兵在後面追趕李陵。李陵長歎道：「無面目報答陛下之恩！」無奈之下，李陵下馬投降。

二

李陵投降匈奴的消息，很快傳到漢武帝那裏。一開始誇李陵英勇的大臣，這時也面面相覷，急忙改口，說李陵有罪，有負漢朝。漢武帝一時也搞不懂李陵葫蘆裏賣的什麼藥，食不甘味，臥不安席。

司馬遷想起了李陵的祖父，前任郎中令李廣。司馬遷尚未作郎官時，李廣領導眾郎官，到司馬遷作郎官時，李廣已不再擔任郎中令。司馬遷見過李廣，那是一位身高臂長的隴西漢子，天生的射箭好手，曾經誤將草叢裏的石頭看作猛虎而射箭入石。在司馬遷看來，軍事天才李廣雖身經百戰，卻得不到應有的封賞，這實在是悲劇。司馬遷對不擅長交際的李廣，充滿了同情。李廣最後一次迎戰匈奴是與大將軍衛青一起出兵的。當年漢武帝懷有私心，想讓衛青獨得頭功，就有意不讓李廣與單于作戰。後來李廣孤軍深入，迷失方向，未能接應衛青。衛青就威脅李廣，要在天子面前彈劾他，逼得李廣最後自殺。

李廣死後，天下百姓，無論老少，都悲傷流淚。

司馬遷還想起了李陵的叔父李敢。李敢怨恨衛青逼死父親李廣，就打傷了衛青。衛青自知理虧，不和李敢計較。但是衛青的外甥霍去病對此卻懷恨在心。當時，司馬遷任郎中，李敢是司馬遷的直屬上司。漢武帝要去雍地打獵，李敢和司馬遷都侍從左右，霍去病也在侍從之列。就在霍去病陪天子打獵的時候，他故意將弓箭射偏，一箭射死了李敢，為衛青出了一口氣。這一切，司馬遷都看在眼裏。意外發生後，漢武帝偏袒霍去病，對外宣稱李敢是在打獵時被鹿撞死的。

現在，厄運降臨到李陵的頭上。漢武帝偏袒李廣利，否則李陵不會遭此大禍。在司馬遷看來，李陵是個奇人，頗有國士之風。他孝敬母親，以誠待人，不貪財，不嫉妒，非常注重禮節。更為重要的是，為了國家，李陵可以奮不顧身。李陵雖然投降了，但司馬遷覺得其中必有隱情。

看到漢武帝焦慮的樣子，司馬遷想把自己的想法告訴漢武帝，以寬慰他。

司馬遷說：「李陵平素與人交往，絕不爭利，與人分物，甘願少得，故士卒願意為國效命。古代名將，也不過如此。」

漢武帝點點頭。司馬遷說：「李陵深陷重圍，一定是自知無力扭轉敗局，假意投降，等到將來有了機會，再回到漢朝報答陛下。」

漢武帝看著司馬遷，反問道：「何以知之？」

司馬遷自信地說：「據我對他們李家的觀察和對李陵的瞭解，故作這樣的推斷。」

漢武帝沒作聲。司馬遷旁邊站著協律都尉李延年。

司馬遷說：「聽其言，觀其行，見微可以知著，居常可以達變。」

漢武帝說：「漢匈之間戰戰和和。眼下匈奴初立，得天佑助，正是揚我國威之時。李陵降敵，折辱大漢，這是事實！」

司馬遷說：「李陵和其祖飛將軍一樣，不擅長交際，不喜逢迎，故未成名將。他此次雖敗，然殺敵之多，迫單于之近，足以揚我國威，將功抵過。」

李延年聽到「交際」、「逢迎」之類的話如芒刺在背，他反問司馬遷：「所謂名將，所指何人？」

漢武帝聽司馬遷說李陵功勞大，不擅長逢迎拍馬，似乎是在故意貶抑李廣利，而有意為李陵開脫罪名。未等司馬遷開口，武帝就大喝一聲：「休妄言！」

司馬遷本想接著說下去，請求漢武帝懲治對李陵落井下石的人，但漢武帝不等他說完，就已經龍顏震怒。

漢武帝有意讓貳師將軍李廣利奪首功，如今被司馬遷說到心虛處，不由得惱羞成怒，令人審判司馬遷。

司馬遷百口莫辯，最終被投到大牢之中。

三

司馬遷在監獄中靜靜等待皇帝對他的最終判決。

在陰暗潮濕的牢房裏，司馬遷親眼看到一個年輕犯人因回答獄卒問話稍微遲緩，竟險些被獄卒折磨致死。

透過牢門，司馬遷看見幾個獄卒跟隨一名獄官走了過來。他們走到司馬遷的牢房門口停了下來，為首的獄官問：「你就是為降將李陵說話的司馬遷？」

司馬遷說：「是。」

「好好反省！」獄官撂下一句話就走了。

漢武帝冷靜下來之後，反覆思考司馬遷的話，也覺得自己未能給李陵提供後援，才導致李陵慘敗後投降。因此，他專門派人去犒勞從前線逃回來的李陵部下。

第二年，漢武帝派公孫敖率兵深入匈奴內部，以接應李陵回國，但無功而返。公孫敖從抓獲的一個匈奴俘虜口中得知，李陵正在幫匈奴練兵準備攻打漢朝。公孫敖回來之後，將此事稟報漢武帝，並把自己無功而返的原因全都推到李陵身上。漢武帝下令處決了李陵的所有親人。

如果公孫敖這次能將李陵從匈奴帶回的話，囚禁中的司馬遷自然就可以無罪釋放。但公孫敖帶回的消息無疑證明，司馬遷所說的李陵假降，是欺騙皇帝之詞。因此，司馬遷在獄中等來的最終判決是誣罔之罪，也就是欺君。按照漢朝法律，欺君之罪必死。

司馬遷坐在監獄的地上，他不敢相信李陵是這樣的人，也不相信公孫敖說的是真話。司馬遷知道，擺在他面前的路有四條可走：第一，讓家人湊夠五十萬錢為自己贖罪；第二，自殺以免受辱；第三，靜靜等待朝廷的處決；第四，司馬遷怎麼也不敢往下想。這第四條路就是接受宮刑來保全性命。

消息傳到司馬遷家裏，妻兒抱頭痛哭。司馬談在世的時候，也只有六百石的俸祿。司馬遷做郎官時，俸祿才三百石。其實最後發放到他們手中的，都比這個數字少很多。司馬談死後，司馬遷接替太史令，也仍然是六百石的俸祿。

家中無錢，司馬遷從獄中傳話給家人，讓家人找幾位親朋故舊湊錢。見司馬遷觸怒了皇帝，以前的朋友都以無錢為由婉拒了。沒有一個朋友在皇帝面前為司馬遷求情。司馬遷倍感世態炎涼，因此在《史記》中，他才會感歎道：「一死一生，乃知交情。一貧一富，乃知交態。一貴一賤，交情乃見。」、「千金之子，不死於市，非空言也。」

交錢贖罪的路是走不通了，難道就等著受死嗎？司馬遷手扶獄壁，在恍惚中他看到祖父和父親向他走來，他們都在向他微笑。司馬遷想起了父親的遺命。

為了完成父親的遺願，司馬遷著書已七年，眼看就要完成了，怎麼能死呢？活下去，即使是為了父親也要活下去！只要著作能完成，哪怕千刀萬剮也在所不辭。

司馬遷下定了決心，請求對他施以宮刑。對於一個男人來說，這是一個多麼痛苦的決定啊！

司馬遷受了宮刑後，有關李陵的消息又從匈奴傳了過來。原來為匈奴練兵者不是李陵，而是漢朝降將李緒。由於語言不通，匈奴俘虜誤將李緒說成了李陵。李陵憤怒地殺死了李緒。可是，漢武帝殺了他在漢朝的家人，他再回到漢朝又有什麼意義呢？在他送別被匈奴扣留的老友蘇武時，他悲憤地唱道：「老母已死，雖欲報恩將安歸！」

遭受宮刑的司馬遷內心極度憤懣。如果李陵的確切消息能從匈奴早一點傳回來，自己就不會遭受宮刑了。可是，哪裏有那麼多如果呢？

司馬遷在《史記》中叩問道：「余甚惑焉，儻所謂天道，是邪非邪？」他痛下決心，忍辱負重地活著，不為別的，只為著書。

退隱

一

就在司馬遷遭受宮刑的第二年，朝廷大赦天下，司馬遷成為完全自由的人。太史令是不能幹了，因為身體已有殘缺，他不再適合參與宗廟祭祀之事。

漢武帝瞭解到，在李陵事件中，自己也要負一定的責任。對於司馬遷，他似乎也有些歉意，於是提拔司馬遷做中書令。

司馬遷比以前更加專注著述。受此一難，讓他對漢武帝和朝廷有了與以往不同的認識。

中書令的職位比太史令高，俸祿也多得多，太史令是六百石，中書令是兩千石。司馬遷負責掌管皇帝的機密檔，將皇帝的命令傳到尚書，同時將尚書的奏議轉給皇帝。

司馬遷對身外之物早已不在乎了。晚上，司馬遷躺在床上翻來覆去睡不著。他想到古人的三不朽：「『太上有立德，其次有立功，其次有立言。』雖久不廢，此之謂不朽。」

立德之事，非凡夫所能，那是堯、舜、禹、孔子才能完成的。立功，要有一定的職位，遇合於世，才能建立曠世的功勳。作為刑餘之人，又怎能垂事功於青史呢？欲求不朽之名，唯一可行之路就只能是立言了。著書立言，承父志而求不朽，方不枉此生。司馬遷終於有勇氣面對宮刑這一事實了。

在別人眼中，司馬遷還是如往昔一般往返於官署，宮刑沒有影響他的仕途，反而升遷做了中書令。但司馬遷不停地提醒自己：活著是為了著書。他要將自己的整個生命融入所著的書中。他歷數往古聖賢：

蓋西伯拘而演《周易》；仲尼厄而作《春秋》；屈原放逐，乃賦《離騷》；左丘失明，厥有《國語》；孫子髕腳，《兵法》修列；不韋遷蜀，世傳《呂覽》；韓非囚秦，〈說難〉、〈孤憤〉。《詩》三百篇，大抵聖賢發憤之所為作也。

周文王、孔子、屈原、左丘明、孫臏、呂不韋、韓非，乃至《詩經》當中那些無名的作者，大都是經歷挫折、磨難才寫出了不朽的著作。這些人難道不應該成為自己效法的榜樣嗎？

想到這些，司馬遷更加自信了。可是，人非草木，孰能無情。在寫作的過程中，司馬遷還是經常按捺不住自己激動的心情。

伯夷、叔齊兩位聖賢忠貞不貳，氣節高尚。作為殷商的子民，他們不食周粟，餓死在首陽山。在《史記》中，司馬遷寫道：「天道無親，常與善人。」司馬遷產生了質疑：「難道伯夷、叔齊不是善人嗎？天道為什麼沒有幫助他們？」

寫到刺客，寫到游俠，想到那些一諾千金的英雄，司馬遷遺憾的是自己身邊竟然尋找不到奇士。

楚國忠臣伍子胥的父兄被人陷害，被楚平王處死。伍子胥逃到吳國後被委以重任，最後他與孫武一起攻進楚國。伍子胥掘楚平王墓，並鞭屍為父兄復仇。司馬遷把伍子胥塑造成了敢於鞭撻昏君的俠士。

就在司馬遷隱忍著書之際，他收到了朋友任少卿的書信。原來，任少卿捲入了巫蠱之禍。

有人向漢武帝告發，太子用巫術加害皇帝。太子聽說告發之事後甚為恐懼，不得已起兵討伐誣告之人，但卻遭到皇帝的鎮壓。皇后衛子夫和太子被逼無奈，相繼自殺。太子在自殺之前，曾派人向握有兵權的護北軍使者任少卿求援。任少卿曾在衛青府中謀職，因此太子才會求援於他。任少卿雖接受太子之節，但緊閉城門，不肯發兵。後來漢武帝查明瞭巫蠱事件，那些與太子為敵、反對太子和不肯幫助太子的人都被治罪。對於任少卿，漢武帝覺得他過於奸猾，要處以腰斬。

任少卿給司馬遷寫信，委婉地請求司馬遷幫他向皇帝求情。最後，任少卿還是被腰斬了。

司馬遷曾覆信任少卿，但任少卿已經離開了這個世界。手撫竹簡，司馬遷內心難平，含淚寫完了父親臨終囑託的《太史公書》的最後一字。司馬遷想起給任少卿信中的話：「人固有一死，或重於泰山，或輕於鴻毛，用之所趨異也。」現在，他完成了父親的遺命，死而無憾了。

著作完稿之後，司馬遷如釋重負。司馬遷的夫人看著頭髮斑白、滿臉憔悴的丈夫，在一旁默默流淚。女兒悄悄地為母親拭去淚水。兩個兒子則忙著幫父親整理寫好的竹簡。

《太史公書》完成以後，家人為司馬遷準備了一桌豐盛的飯菜。

司馬遷斟滿酒，建議兩個已經成年的兒子也喝一杯。

司馬遷笑著問兄弟二人：「知道為父給你們名字名的寓意嗎？」

司馬臨和司馬觀二人相互看了一下對方，說：「請父親大人教誨。」

司馬遷放下酒杯，用手指蘸了一下杯子裏的殘酒，在几案上一邊寫，一邊說道：「臨觀之義，或與或求。」

長子司馬臨問：「這就是我們名字的出處？」

司馬遷頷首微笑，解釋道：「臨和觀是《易》中兩卦，揭示了給予和索取之道。人生在世，無非是求人和與人而已。索取源於嗜慾，給予源於愛人。為父希望你們多給予，少索求。給予他人者愈多，則己愈多。索取之慾會滋生貪得無饜，不可長保。」

二

年邁的司馬遷在著作完成之後，對仕途已無半點留戀。兩個兒子陸續成家，女兒也嫁給了大將軍霍光手下的軍司馬楊敞。司馬遷決定致仕還鄉，就以年邁體衰為由，上了請辭的奏章。漢武帝准辭，司馬遷從此遠離宦海。

致仕後的司馬遷，深居簡出，除了讀書，就是修訂著述。後來，他和夫人商量，搬出長安，住到遠離紛擾的南山之中。兒女們不放心，勸他留在京城。夫人理解司馬遷的心境，她說服了子女，與司馬遷攜《太史公書》，搬至山中。

一切又像兒時一樣，司馬遷灌園，耕耘，飼養禽畜。

司馬遷經常在山間溪畔望著雲朵沉思，思千百年來窮則必變，思芸芸眾生與天相偕。

一天，司馬遷撿柴歸來，正要掩上柴扉，一位鬚髮皆白的老者向司馬遷討水喝。司馬遷見老者氣度不凡，就將他引入院內。

老者自言乃導引養生之士，避居山中已多年，其師祖曾見過留侯張良。司馬遷見老者思想深邃，推測其為避世賢者。

老者與司馬遷坐於院中，面對青山，談論古今。

司馬遷問：「先生導引養生，以求延年，不知高　幾何？」

老者笑道：「虛度九十有三。」

「先生為何避世而居，不求令『名垂於後世』嗎？」司馬遷問。

「浮名傷生，利祿傷仁。追名逐利，勞神動欲。身不能存，虛名何益？欲不可縱，縱欲亡身。知進忘退，必致顛隕。」老者說。

司馬遷認同老者的話。二人相視一笑，默然相契於心。

這時，司馬遷的夫人已將果蔬備好。司馬遷又搬出一罐自釀米酒，取出兩個耳杯，招待老者。

「利祿傷仁，在下深以為然。以前讀孟子之書，至梁惠王問『何以利吾國』，廢書而歎。世人逐利忘義，由來久矣！」司馬遷說完，又歎息搖頭。

老者仰天大笑，道：「人性逐利，好像水往下流，本性使然，雖聖人不能禁，不必為此苦惱。」

司馬遷想到李陵案，想到自己的命運，想到好友任少卿，不禁感慨起來：「天下熙熙，皆為利來。天下攘攘，皆為利往。」

老者停箸點頭，說：「世人只知利可安身，不知逐利耗神害身，得少於失。」

「如此看來，愚癡者眾，智慧者寡啊。然無財不足以養身，無祿不足以威眾。正如先生所言，求富貴乃人之性情。有道有度乃可，失度則禍亂滋生。」司馬遷覺得逐利是人之性情，雖無法遏止，但對欲望也需加以約束。

兩人說著說著，不知不覺從個人名利說到了天下大勢。

司馬遷說：「天人之際，今上所重，博士董仲舒亦曾對策發皇其義。以先生之見，該作何解？」

老者說：「天道獨行，人不能改。順天者昌，逆天者亡。智者因其勢而為，事半功倍；愚者逆其勢而行，徒勞無功。」

「天道渺茫難知，測星修曆為瞭解天道之一途，但星象有驗有不驗。星變則以人事相補救，人事以修德為主。此為天人之際思想中最重要的方面。」司馬遷談了自己的看法。

老者未置可否。

「先生所謂的天道、大勢，愚以為即人心所向。西楚霸王項羽，毫無權柄，順應天下反秦大勢，終立大功。然其分封諸侯，不合時勢，欲以武力爭奪天下，落個身死東城的下場。項羽認為被天所滅，其愚可嘆！秦世名將蒙恬被逼吞藥自殺，死前將罪過歸咎於修長城掘斷地脈。實則在秦滅六國之初，天下人心未定，民生凋敝，蒙恬不勸諫秦始皇恢復農業，反而迎合上意貪圖立功，兄弟二人敗亡，與地脈何干？此二人成敗，無關天、地，在乎己身。」司馬遷將自己的思考和盤托出。

老者說：「天有天道，人有職分。盡分順天，安乎自然。」

司馬遷讚歎道：「先生真是智者！」

老者又飲了幾杯酒，向司馬遷夫婦道謝告辭。司馬遷頗有惜別知音之感。

司馬遷知道：「物盛則衰，天地之常也。知進而不知退，久乘富貴，禍積為祟。」見盛觀衰，是古今之變的規則。若能承敝通變，自然會再造盛世。然而，現在的大漢帝國也許已走在衰退的路上……

在生命最後的時光裏，司馬遷寫下了〈悲士不遇賦〉。他回顧自己的一生，感慨萬千。「沒世無聞，古人惟恥」，這句話表明司馬遷雖受到不公平的待遇，但他仍以積極的態度去面對。雖然社會黑暗，但在司馬遷看來，人應該「將逮死而長勤」。他後半生忍辱兌現了對父親的承諾，完成了五十多萬字的鴻篇巨著。他用這一百三十卷的文字來證明此生的用心。

窗外飄起了雪花。司馬遷躺在京師故宅的榻上，妻子、兒女守護在床前，默默地注視著他。

「人固有一死，或重於泰山，或輕於鴻毛。」司馬遷吟誦著自己寫下的文字，輕輕閉上了雙眼。

司馬遷死後十餘年，他的外孫楊惲將外祖父的著作向外流傳了數卷。從此，人們才知道天地之間竟然還留存著氣勢如此恢巨集的文字。這些文字出自一部偉大的著作，今天我們叫它《史記》。

退隱

—司馬遷生平簡表—

前一五四年（漢景帝前三年）

晁錯議削藩，吳楚等七國以誅晁錯而清君側為名，發動叛亂。史稱七國之亂。景帝殺晁錯，七國仍不罷兵，遂遣周亞夫率軍平定叛亂。

前一四六年（漢景帝中四年）

羅馬帝國滅迦太基。

前一四一年（漢景帝後三年）

景帝卒，太子劉徹繼位，是為漢武帝。西漢王朝進入鼎盛時期。

約前一四五年（漢景帝中元五年）

生於夏陽龍門。

前一四〇年（漢武帝建元元年）

武帝用建元為年號，歷史上用年號紀年始於此。

前一三九年（建元二年）

張騫第一次出使西域，至元朔三年（前一二六年）歸。

前一三六年（建元五年）

漢置五經博士。

前一三四年（元光元年）

令郡國舉孝、廉，行察舉制。

前一三三年（元光二年）

漢誘匈奴入馬邑，未果。漢絕和親，漢、匈戰事再啟。

前一三六年（漢武帝建元五年）

父親司馬談升任太史令，司馬遷誦習古文經典。

前一三五年（建元六年）

司馬遷跟董仲舒學習《春秋》。

前一二九年（元光六年）

匈奴入上谷，武帝遣衛青、公孫敖、公孫賀、李廣等四將軍個將萬騎分道出擊。衛青率軍直搗匈奴龍城，取得漢朝對匈奴主動進攻的首次勝利，賜爵關內侯。餘皆失利。

前一二七年（元朔二年）

匈奴入上谷、漁陽，武帝遣衛青、李息等擊之。俘獲敵人幾千名，牛羊竟達數十萬頭，趨走匈奴白羊王、樓煩王。衛青收復河南地，受封長平侯。

漢設置朔方郡，徙民十萬口充實朔方。

前一二六年（元朔三年）

張湯任廷尉，用法嚴峻苛刻，治獄以皇帝意旨為準繩。

前一二四年（元朔五年）

匈奴右賢王騷擾朔方，武帝遣衛青率六將軍凡十餘萬人出擊。俘匈奴小王十餘人，俘虜男女一萬五千人，俘獲牲畜達上百萬。武帝遣使於軍中被拜衛青為大將軍。

前一二七年（元朔二年）

司馬遷跟孔安國學習古文《尚書》。

前一二六年（元朔三年）

司馬遷遊歷四方。

前一二三年（元朔六年）

二月，衛青出定襄，勝匈奴。斬首數千級而還。

四月，衛青復統六軍出定襄擊匈奴俘斬萬餘人。前將軍趙信敗降匈奴。右將軍蘇建敗，獨脫身還。霍去病率八百之騎，俘斬匈奴相國和當戶，兩千餘人。

大司農經費用竭，詔民得買爵贖罪。

前一二二年（元狩二年）

武帝立七歲的劉據為太子。

前一一九年（元狩四年）

武帝遣衛青、霍去病各將五萬騎，分從定襄，代郡出。向漠北追擊匈奴，橫掃匈奴近九萬精銳。此戰之後，「匈奴遠遁，漠南無王庭」。

約前一二二年（元狩元年）

司馬遷入仕為郎中。

前一一九年（元狩四年）

張騫再次出使西域（烏孫），至元鼎二年（前一一五）年歸，絲綢之路暢通。

前一一八年（元狩五年）

漢行五銖錢，幣制始定。錢重五銖，上有「五銖」二字，故名。以後歷代都有鑄造，重量形制大小不一。唐高祖武德四年（六二一年）廢止。是歷史上數量最多、流通最久的錢幣。

前一一四年（元鼎三年）

行告緡令（隱匿財產不報，或報而不實者，沒收其財產；並賞給告發者以沒收財產之半），楊可主其事，商賈中家以上大都破產，史稱「楊可告緡」。

前一一一年（元鼎六年）

漢平南越，俘呂嘉等。置南海、蒼梧、鬱林、合浦、交趾、九真、日南、珠崖、儋耳等九郡。

由酒泉分置張掖、敦煌。

前一一一年（元鼎六年）

司馬遷奉命出使巴蜀以南，到達邛、筰、昆明等地。

前一一〇年（元封元年）

行均輸、平準，鹽鐵酒官營專賣，桑弘羊主其事。

前一〇九年（元封二年）

滇王降漢，賜其王印，置益州郡（治所在今雲南晉寧東）。

前一〇八年（元封三年）

將軍趙破奴率輕騎俘樓蘭王，破車師。置樂浪、臨屯、玄菟、真番四郡。

前一〇六年（元封五年）

衛青病逝，葬於茂陵，謚曰「烈侯」。

前一〇五年（元封六年）

烏維單于死，其子兒單于繼位。西域諸國遣使來漢，葡萄、苜蓿逐漸傳入中原。

前一〇四年（武帝太初元年）

李廣利率軍出征大宛，次年敗退敦煌。編定《太初曆》。

前一〇九年（元封二年）

司馬遷陪漢武帝至濮陽瓠子決口處，負薪塞河。

前一〇八年（元封三年）

司馬遷繼父職為太史令。

前一〇六年（元封五年）

司馬遷隨侍漢武帝南巡。

前一〇五年（元封六年）

司馬遷隨侍漢武帝北巡。

前一〇四年（太初元年）

司馬遷任太史令，參與制定《太初曆》，開始寫《史記》。

前一〇三年（太初二年）

將軍趙破奴擊匈奴，出朔方兩千餘里而還，中途全軍覆沒。趙破奴降匈奴。

前九十九年（天漢二年）

貳師將軍李廣利出酒泉於天山攻匈奴右賢王，靠司馬趙充國血戰，得出重圍，漢軍死二萬餘人。騎都尉李陵出居延，至浚稽山，兵敗，降匈奴。

前九十七年（天漢四年）

西漢發兵擊匈奴，李廣利出朔方郡，韓說出五原郡，公孫敖出雁門郡。漢武帝命屠李陵家。

日本崇神天皇即位，奉神器於大和遂自稱大和民族。

前九十一年（征和二年）

巫蠱之禍。

前九十九年（天漢二年）

李陵兵敗降匈奴，司馬遷為李陵辯解，因觸怒漢武帝，被下獄。

前九十八年（天漢三年）

李陵家族被滅。司馬遷被處以宮刑。

前九十七年（天漢四年）

司馬遷出獄，任中書令。

前九十一年（征和二年）

司馬遷覆信任少卿，即〈報任安書〉。《史記》基本完稿。

前九十年（征和三年）

李廣利受命出兵五原伐匈奴。兵敗，李廣利投降匈奴，漢武帝此後中止了與匈奴的戰爭，不復出兵。

前八十七年（後元二年）

漢武帝劉徹病逝，漢昭帝劉弗陵即位。

前七十四年（漢昭帝元平元年）

漢昭帝駕崩，沒有兒子。霍光迎立漢武帝孫昌邑王劉賀即位，但二十七日之後就以淫亂無道的理由報請上官太后廢除了他。霍光同群臣商議後決定從民間迎接武帝曾孫劉病已（後改名劉詢）。

前七十三年（漢宣帝本始元年）

斯巴達克斯起義爆發。

前九十年（征和三年）

李廣利出朔方，以兵降匈奴。司馬遷修訂《史記》，載錄此事。

此年以後，司馬遷淡出世人視野。

嗨！有趣的故事

司馬遷

責任編輯：苗　龍
裝幀設計：盧穎作
著　　者：劉銀昌

出　　版：中華教育
　　　　　香港北角英皇道 499 號北角工業大廈一樓 B
電　　話：(852) 2137 2338
傳　　真：(852) 2713 8202
電子郵件：info@chunghwabook.com.hk
網　　址：http://www.chunghwabook.com.hk

發　　行：香港聯合書刊物流有限公司
　　　　　香港新界荃灣德士古道 220-248 號荃灣工業中心 16 樓
電　　話：(852) 2150 2100
傳　　真：(852) 2407 3062
電子郵件：info@suplogistics.com.hk

版　　次：2022 年 9 月初版

規　　格：16 開（210mm × 148mm）
I S B N：978-988-8807-22-2

本書繁體中文版由中華書局授權出版